中国农业系列研究生教材
Series of postgraduate textbooks for Chinese agriculture

践行农业绿色发展
——科技小院案例课

崔振岭　程凌云◎主编

JIANXING NONGYE
LüSEFAZHAN
KEJIXIAOYUAN ANLIKE

中国農業大學出版社
China Agricultural University Press
·北京·

内 容 简 介

案例教学是一种通过模拟或者重现现实生活中的一些场景，让学生把自己纳入案例场景，再通过讨论或者研讨来进行学习的教学方法。本教材将案例教学理念融入农业绿色发展教学活动，通过分析、讨论来源于全国科技小院的实践案例，启发学生对农业绿色发展问题的思考、争论和进一步探索，提高学生们的判断能力、分析能力、决策能力、协调能力、表达能力和解决问题的能力。

本教材的主要教学对象是有一定实践经验和理论素养的应用型专业硕士研究生，也适用于在职研究生。

图书在版编目(CIP)数据

践行农业绿色发展:科技小院案例课/崔振岭，程凌云主编. --北京:中国农业大学出版社，2023.2

ISBN 978-7-5655-2888-0

Ⅰ.①践… Ⅱ.①崔…②程… Ⅲ.①绿色农业-农业发展-中国-高等学校-教材 Ⅳ.①F323

中国版本图书馆 CIP 数据核字(2022)第 215681 号

书　　名　践行农业绿色发展——科技小院案例课

作　　者　崔振岭　程凌云　主编

策划编辑　杜　琴　何美文　　**责任编辑**　何美文
封面设计　李尘工作室
出版发行　中国农业大学出版社
社　　址　北京市海淀区圆明园西路 2 号　　**邮政编码**　100193
电　　话　发行部 010-62733489,1190　　读者服务部 010-62732336
　　　　　　编辑部 010-62732617,2618　　出　版　部 010-62733440
网　　址　http:// www. caupress. cn　　**E-mail** cbsszs@cau. edu. cn
经　　销　新华书店
印　　刷　涿州市星河印刷有限公司
版　　次　2023 年 6 月第 1 版　　2023 年 6 月第 1 次印刷
规　　格　185 mm×260 mm　　16 开本　　10.75 印张　　265 千字
定　　价　35.00 元

编写人员

主　编　崔振岭（中国农业大学）

　　　　程凌云（中国农业大学）

参　编　（以姓氏拼音排序）

　　　　陈范骏（中国农业大学）

　　　　储意艳（中国农业大学）

　　　　崔宇婷（中国农业大学）

　　　　何　刚（西北农林科技大学）

　　　　李冬佳（中国农业大学）

　　　　刘　蕊（中国农业大学）

　　　　罗文海（中国农业大学）

　　　　吕　阳（中国农业大学）

　　　　米国华（中国农业大学）

　　　　苗　琪（中国农业大学）

　　　　潘清春（中国农业大学）

　　　　沙　野（中国农业大学）

　　　　王红亮（中国农业大学）

　　　　吴良泉（福建农林大学）

　　　　徐俊平（中国农业大学）

　　　　许　稳（中国农业大学）

　　　　尹宇龙（中国农业大学）

　　　　张宏彦（中国农业大学）

　　　　张江周（福建农林大学）

　　　　张俊伶（中国农业大学）

　　　　张青松（中国农业大学）

　　　　张晓宁（中国农业大学）

前　言

案例教学(case method)是一种通过模拟或者重现现实生活中的一些场景，让学生把自己纳入案例场景，通过讨论或者研讨来进行学习的教学方法。教学中既可以通过分析、比较，研究各种各样的成功和失败的管理经验，从中抽象出某些一般性的管理结论或管理原理，也可以让学生通过自己的思考或者他人的思考来拓宽自己的视野，从而丰富自己的知识。案例教学被认为是代表未来教育方向的一种成功教育方法。

本教材通过案例教学落实党的二十大有关“推动绿色发展，促进人与自然和谐共生”精神，加快发展方式绿色转型。在农业绿色发展教学活动中，为启发学生掌握农业绿色发展解决方案，由老师们将不同农业生产体系的诊断、优化措施、落地管理方案及其决策过程记录下来，编写成案例用于课堂教学，以培养学生的管理推理能力。本教材案例主要来源于全国科技小院的实践，有的案例着眼于方案选择，有的案例着眼于过程推理，有的案例着眼于人物线索，不同的着眼点服务于不同的教学目的。案例选择要求针对错综复杂的农业生产问题，以启发学生对农业绿色发展问题的思考、争论和进一步探索。

本教材的主要教学对象是有一定实践经验和理论素养的应用型专业硕士研究生。2023年5月1日，习近平总书记给中国农业大学科技小院的同学们回信，希望同学们志存高远、脚踏实地，把课堂学习和乡村实践紧密结合起来，厚植爱农情怀，练就兴农本领，在乡村振兴的大舞台上建功立业，为加快推进农业农村现代化、全面建设社会主义现代化国家贡献青春力量。本教材主要通过动员学生们的参与热情，唤起潜藏在学生身上的丰富的实践经验及其能力，从而开展讨论，通过针对同一问题的不同观点的互相交锋和彼此互动，激发学生的创造性思维，提高判断能力、分析能力、决策能力、协调能力、表达能力和解决问题的能力。学生的实践经验越丰富，课堂参与程度越深入，通过案例讨论得到的收获启发就越多；在应用型专业硕士研究生教学以及在职研究生班的教学中使用案例通常效果最佳；选择科技小院的工作及其经验背景有关的案例则会形成较好的课堂反响。

本教材编写分工如下：第1章，由程凌云编写；第2章，由张宏彦、张晓宁编写；第3章，由米国华、沙野编写；第4章，由何刚编写；第5章，由许稳编写；第6章，由崔振岭、储意艳、尹宇龙、张青松编写；第7章，由崔振岭、苗琪编写；第8章，由刘蕊、李冬佳编写；第9章，由吴良泉编写；第10章，由罗文海编写；第11章，由吕阳编写；第12章，由陈范骏、崔宇婷、徐俊平、王红亮、潘清春编写；第 13 章，由王红亮编写；第 14 章，由张俊伶、张江周编写。

在教材编写过程中，中国人民大学徐京悦、中国农业大学王雯对全书内容提出了指导性的意见，在此一并表示感谢。在教材出版之际，对关心、帮助和指导过教材编写的各位同仁表示衷心的感谢。

编　者

2023 年 5 月

目　录

板块一　产地环境保护

板块二 绿色投入品创制与综合利用

板块三 绿色生产过程

第一章
绪　论

党的十八大以来，党中央高度重视农业绿色发展，倡导以农业绿色发展引领乡村振兴，出台了一系列农业绿色发展相关的文件，开展了专项行动计划，以探索先行先试支撑体系建设，并取得显著成效。农业空间布局持续优化、农业资源利用效率稳步提升、主要化学投入品提前实现零增长、农业废弃物资源化利用水平稳步提高、农业绿色发展初具规模。

2017 年 9 月，中共中央办公厅、国务院办公厅印发《关于创新体制机制推进农业绿色发展的意见》，提出推进农业绿色发展是加快农业现代化、促进农业可持续发展的重大举措，对保障国家食物安全、资源安全和生态安全，维系当代人福祉和保障子孙后代永续发展具有重大意义。为贯彻落实《关于创新体制机制推进农业绿色发展的意见》部署要求，切实推进农业绿色发展建设，我国分两批建设国家农业绿色发展先行区试点，制定《农业绿色发展先行先试支撑体系建设管理办法（试行）》，从典型模式和支撑体系方面探索农业绿色发展的路径和经验。"十四五"是将绿色、高质量发展从理念转向实质性行动的第一个五年，实现农业绿色发展已经成为我国农业发展的内在要求和核心目标。

习近平总书记在党的二十大报告中指出："必须牢固树立和践行绿水青山就是金山银山的理念，站在人与自然和谐共生的高度谋划发展。"加快发展方式绿色转型，是党中央立足全面建成社会主义现代化强国、实现第二个百年奋斗目标，以中国式现代化全面推进中华民族伟大复兴作出的重大战略部署。

一、农业绿色发展简介

绿色发展是建立在生态环境容量和资源承载力的约束条件下，将环境保护作为实现可持续发展重要支柱的一种新型发展模式，是推进生态文明建设的基本途径和方式，也是转变经济发展方式的重点任务和重要内涵。推进农业绿色发展，是贯彻落实新发展理念、推进农业供给侧结构性改革的必然要求，是加强资源环境保护与生态安全、实现可持续发展的必然选择，是发展优质、高效、生态、安全农业，全面提高农产品质量安全水平的有效途径，也是切实增加农民收入、加快建设现代化农业的重大举措。

（一）农业绿色发展内涵

农业绿色发展是以绿色发展理念为引领，以农业全产业链绿色发展为核心，以资源环境承载力为基准，以生态环境质量为约束，以绿色科技与体制机制创新为驱动，以优质、安全、充裕农产品供给和人体营养健康为目标，构建多学科交叉、政产学研用一体化创新模式，逐步形成产业兴旺、生态宜居发展格局的农业发展方式。

资源节约高效是农业绿色发展的基本特征。农业绿色发展将实现经济、社会和环境的可持续发展以及营养健康的食物供应作为绿色发展的目标。资源投入不但关系到食物系统的产出数量，也关系到氮、磷、重金属和农药等向环境的排放及生态环境效应和资源的可持续利用。如何分配、利用、节约、循环有限的资源，实现资源效益的最大化，降低向生态环境的排放，是农业绿色发展研究的根本问题。

多目标协调是农业绿色发展的必然要求。农业绿色发展涉及自然生态系统、食物系统以及社会经济系统，强调生产、生活与生态"三生"协调及不同利益主体协同。学科交叉是农业绿色发展的内在动力。农业绿色发展的内涵决定了其复杂性和综合性。农业绿色发展包含种养系统、食物加工消费系统、人类社会经济系统以及生态环境系统等多个子系统。创新全产业链系统理论和各学科交叉理论，以及农业全产业链物质循环及其生态环境效应的定量分析、系统设计、综合创新、区域验证、优化实现，是农业绿色发展的重要研究内容。

（二）农业绿色发展的实现路径

全产业链提升是农业绿色发展的实现途径。种植系统作为初级生产系统，与养殖系统结合，向运输、贮藏、加工等产业延伸，组成了整个食物系统，供给了人类社会所必需的几乎全部食物，同时也是生态环境的重要污染物排放来源。合理配置资源和提升食物系统生产与供给能力是保障人类营养健康和形成绿色生态环境的重要前提。构建全产业链解决方案，突破食物生产、加工、消费与生态环境治理中的关键瓶颈，集成组装全产业链绿色生产技术，是最大限度解决经济与环境矛盾、协调绿色和发展的关系、实现绿色与发展协同提升的重要途径。

农业绿色发展的理论核心是农业生产与生态环境和社会经济发展的协同，即农业生产应基于资源的承载能力和生态环境的承受能力，通过降低资源投入，增强系统耦合，减少资源消耗；通过科技创新提高资源利用效率，减少向环境的排放，进而实现绿色与发展并重。农业绿色发展的理论框架体系包括绿色种养系统、绿色产品与产业系统、绿色食品与消费系统、绿色生态环境系统四大板块，四个板块是推进农业绿色发展落地的主要对象。

二、科技小院简介

科技小院是以协同实现作物高产、资源高效、环境友好为目标，围绕"三农"发展急需解决的问题，通过科研人员驻扎农村和农业生产一线，与农民同吃、同住、同劳动，联合企业、政府等共同开展科技创新、社会服务和人才培养，"零距离、零时差、零门槛和零费用"服务农民和农业产业，推动农业生产经营方式变革和农村文化建设，助推乡村振兴的一种新模式，是农业绿色发展的支撑平台。科技小院助力巩固脱贫攻坚成果，全面推进乡村振兴，为实现农业农村现代化而不懈奋斗。

（一）科技小院推广成效

2009 年中国农业大学在全国率先建立第一个科技小院，截至目前，全国已建立 1 048 家科技小院，覆盖 31 个省、自治区、直辖市，涉及 222 种农产品。自 2020 年以来，科技小院模式 7 次被写入中共中央办公厅、国务院办公厅、教育部、科技部、农业农村部等发布的重要文件。

2022年教育部等三部门联合发布《关于推广科技小院研究生培养模式助力乡村人才振兴的通知》，联合国粮食及农业组织2021年和2022年连续将科技小院模式向全球发布，已推广到老挝和非洲8国。2023年5月1日，习近平总书记在给中国农业大学科技小院学生的回信中写道，希望同学们把课堂学习和乡村实践紧密结合起来，厚植爱农情怀，练就兴农本领，在乡村振兴的大舞台上建功立业，为加快推进农业农村现代化、全面建设社会主义现代化国家贡献青春力量。

(二)科技小院助力农业绿色发展与乡村振兴

科技小院科技创新以“三农”为对象，以“探索农业科研新思路，服务‘三农’绿色可持续发展”为目标，践行“绿水青山就是金山银山”理念，推动农业农村绿色发展，促进产业生态化、生态产业化；遵循“从生产中来到生产中去”的原则，立足农村和农业一线，围绕生产迫切需要解决的问题，与农户共同开展科学研究，创新、集成“本地化”的绿色生产模式。围绕62种农业生产体系，与农民一起创新绿色技术，形成适应当地生产特点、满足农民需求的284项绿色增产增效技术；针对不同规模、不同社会经济背景的农户构建技术服务模式，建立了科技创新与技术服务体系运转的新机制，带动更多科技服务力量进入农村，形成了可持续发展体系，在全国3 770万 hm^2 的土地上实现了绿色生产转型。

为了将技术推向生产，发挥效益，解决科技推广“最后一公里”难题，科技小院根据各地方的特点，因地制宜地建立了多层次、多形式的社会服务体系，满足了不同区域、不同种植规模、不同涉农企业和不同类型农户对技术的需求，突破了国家农业技术推广体系注重推广单项成熟技术和企业注重推广单一产品技术的传统做法。通过建立示范区，不仅让参与生产的农民亲自体验技术的作用，也让其他农民看到技术增产增效的效果，对技术产生兴趣；通过多元化的宣传方式，让农民了解并理解技术；通过多元化的组织和服务方式，集政府、企业等之合力，提高技术到位率，推动技术由点到面扩散，实现大面积示范推广。

三、科技小院助力农业绿色发展案例集简介

资源环境利用相关专业学位研究生的培养面向农业绿色发展和乡村振兴的国家需求，要培养出具有“三农”情怀、拓展综合知识、提升创新创业能力的新型人才。本专业学位研究生在三段式(实践→理论→实践)培养体系下，实现了“生产问题诊断—关键技术突破—综合方案设计—组织协调落地—总结提炼传播”全过程实践锻炼，提升了综合能力。这些实践教育培养环节包含丰富的科学研究、社会服务和人才培养素材：科学研究涵盖粮食作物、蔬菜、果树、特色经济作物、种养等；社会服务对象涉及农资企业、政府、农技推广中心、农村等不同类型；人才培养覆盖乡村振兴多元人才，如涉农高校人才、农业农村推广人才、农业生产经营人才和农业企业人才等。这些内容丰富的研究生实践环节提供了来自生产的真实案例，为案例教学的实施提供了支撑。

本案例集以农业绿色发展理论和科技小院实践结合为核心，深入剖析农业绿色发展的理论知识与实践，从农业、绿色、发展三方面作总结，为科技小院助力我国农业绿色转型和助力乡村振兴提供案例支撑。本书包含三大板块13个案例。

板块一围绕“产地环境保护”主题从土、水、气三个层面剖析农业资源的高效利用。“曲周

改土治碱行动——中低产田综合治理案例”介绍了中国农业大学师生在曲周改土治碱和对中低产田进行综合治理的过程，系统地介绍了昔日曲周“咸碱浮卤，几成废壤”的概况以及盐碱地的形成原因，梳理了曲周盐碱地综合治理的过程与措施，帮助学习者掌握中低产田盐碱综合治理知识，巩固盐碱地治理知识要点。“黑土地保护与利用，路在何方”介绍了过去15年，吉林省梨树县“梨树模式”的形成、发展与推广过程，帮助学习者掌握黑土地保护性耕作技术的重要性和技术难点，同时了解提高农业技术到位率的有效策略。“黄土高原旱作农业区高效用水典型案例”介绍了黄土高原地区降水量少、无效蒸发强、土壤保水性差、季节性干旱等因素制约着农业发展，应用地膜覆盖、秸秆覆盖、化学覆盖和砂石覆盖等技术措施，以及梯田和淤地坝等工程措施能有效提高降水资源利用效率，这些措施被广泛用于该地区旱作农业生产，对提高水资源利用效率意义重大。“从‘减氨’角度谈如何助力农业绿色发展”介绍了2019—2020年邯郸市的氨减排行动，系统介绍了针对华北地区小麦-玉米轮作体系下的氨减排技术应用模式，分别对作物产量、氨挥发量、田间氨浓度以及大气氨浓度和$PM_{2.5}$水平等田间示范效果进行综合分析，探明一种科学有效的减排模式。该案例教学旨在使学习者了解华北地区氨污染问题的严重性，学习如何建立工作模式以及方法，提升环境保护意识。

板块二围绕“绿色投入品创制与综合利用”主题从化肥和有机肥两方面剖析肥料的高效利用。“工农商融合推进测土施肥工作——以黄河中下游小麦专用肥研发为例”介绍了2003年中国农业大学资源与环境学院植物营养系与中化化肥控股有限公司(简称中化化肥)合作研发小麦专用肥的过程，依据推荐施肥技术、土壤肥力、小麦产量水平和农事操作等综合因素研发小麦专用肥以及评估田间示范效果。“‘科学施策，政府引导’打破国外钾肥价格垄断”系统介绍了我国钾肥生产、进口和农业消费的现状，以及我国农田钾素管理存在的问题和农田钾素科学管理技术等内容。“氮肥产业升级助力农业双碳目标的实现”对我国氮肥生产—施用全链条进行生命周期环境评价，对我国不同氮肥生产和消费链的碳足迹进行量化，确定氮肥产品结构调整产业升级战略，使学习者能够系统掌握氮肥生产—施用全链条环境效益评价方法。“平和蜜柚减‘肥’记”回顾了平和蜜柚科技小院师生扎根平和的初衷，介绍了施肥过量带来的危害，重点介绍了蜜柚优化施肥方案制订的基础和科技小院进行减“肥”技术推广的途径。通过对该案例的分析与讨论，学习者能够了解蜜柚产业的现状和过量施肥的危害，掌握科学试验和系统总结的能力。“高质量粪肥还田——唐山新好农牧打造特色种养结合模式”系统介绍了中国农业大学资源与环境学院和北京沃土天地科技有限公司、河北唐山新好农牧有限公司合作建设的以猪粪、作物秸秆等农业废弃物处理为主线的种养结合生态模式，详述有机废弃物产生和处理利用现状，介绍不同类型堆肥化利用技术，并重点突出密闭式筒仓反应器的原理、调控策略及优势；在此基础上，讲授有机肥种类、作用及施用方式。

板块三围绕“绿色生产过程”主题从种植和种养结合方面展示绿色生产过程中的资源高效利用。“一支玫瑰花的一生——云南切花月季全产业链绿色发展案例”以云南昆明市晋宁区的切花月季全产业链的发展为例，系统介绍了切花月季产业的发展现状，分别从产前(种苗选育扩繁)、产中(设施基质绿色栽培技术)以及产后(采后保鲜技术)等方面，对全产业链的绿色生产要点进行了综合分析。“玉米与牛‘相恋’(相链)能否推动农牧业绿色发展”针对杭锦后旗农业发展中种植业和养殖业存在主要问题，系统梳理了杭锦后旗科技小院在推进种养一体化方面的各项技术，帮助学习者掌握种养结合的做法和理解推动农业绿色发展的意义。“全链条绿色技术应用助力曲周县蛋鸡产业绿色转型”介绍了曲周县蛋鸡产业绿色健康发展的重要阻碍因素，依托白寨科技小院从饲料种植、饲料调控、蛋鸡养殖和粪污处理与应用等蛋鸡养殖各环节引进蛋鸡绿色生产技术，以单项绿色技术全链条应用助力曲周县蛋鸡产业绿色转型。“好土育好蕉——广西金穗集团香蕉种植的制胜法宝”系统梳理了广西金穗农业投资集团有限责任公司(简称金穗集团)逐步开展香蕉土壤可持续管理的过程，帮助学习者认识香蕉科学种植和健康土壤长效培育对高产、优质和生态友好的重要性，理解科技创新进步对企业发展和国家粮食安全的重要支撑作用。

板块一

产地环境保护

第二章
曲周改土治碱行动——中低产田综合治理案例

A case study of action to improve soil and alkalinity in Quzhou—comprehensive management of medium and low-yield fields

摘要:本案例介绍了中国农业大学师生在曲周改土治碱和对中低产田进行综合治理的过程,系统地介绍了昔日曲周"咸碱浮卤,几成废壤"的概况、盐碱地形成原因、治理历程与效果。本案例系统梳理了曲周盐碱地综合治理的过程与措施,帮助学习者掌握中低产田盐碱综合治理知识,巩固盐碱地治理知识要点,提升专业技术水平。

Abstract: This case introduce the process of China Agricultural University teachers and students improved soil and alkalinity and comprehensive management of medium and low-yield fields in Quzhou County. Systematically introduces overview of Quzhou in the past "Salty alkali floating bittern, almost into waste soil", origin and comprehensive management of saline-alkali soil. This case systematically combs the process and measures of comprehensive management of saline-alkali land in Quzhou, helping learners to master the knowledge of comprehensive management of saline-alkali land in middle and low-yield fields, consolidate the key points of knowledge of saline-alkali land management, and improve the professional and technical level.

关键词:曲周;盐碱地治理;中低产田

Key words: Quzhou; management of saline-alkali soil; medium and low-yield fields

【适用课程】 资源利用与植物保护技术进展

【教学目的与要求】 理解改土治碱的重要意义;了解盐碱地综合治理的原理与知识;了解曲周盐碱地的形成原因与水盐运动规律;掌握曲周改土治碱的方法;了解老一辈科学家"责任 奉献 科学 为民"的曲周精神。

【案例知识点】 曲周盐碱地的形成原因与水盐运动规律;盐碱地综合治理的原理;曲周中低产田改土治碱的过程。

【撰写时间】 2021 年 12 月 1 日

曲周县位于河北省邯郸地区东北部,地处旱涝盐碱多灾的黑龙港上游流域,是典型的内陆冲积平原浅层咸水型盐渍化低产地区。历史上农业受到春旱、秋涝、地碱、水咸和土壤瘠薄等制约,生产落后,经济贫困。早在明朝崇祯年间,县志上就有"曲邑北乡一带,咸碱浮卤,几成废壤,民间赋税无出"的记载(图 2-1)。

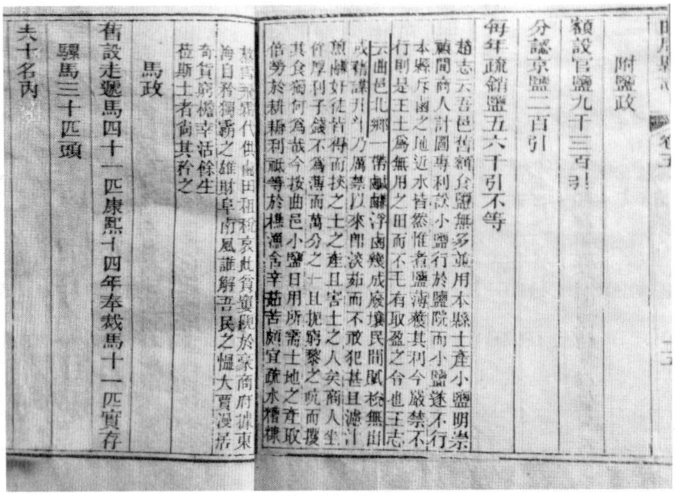

附鹽政

額設官鹽九千三百引

分認京鹽二百引

每年疏銷鹽五六千引不等

馬政

舊設走遞馬四十一匹康熙十四年奉裁馬十一匹實存

騾馬三十匹頭

夫十名內

图 2-1　曲周县县志记载

（图片来源：曲周县档案馆）

1973 年，北京农业大学（现中国农业大学）教师石元春、辛德惠等根据周恩来总理指示，应邯郸地方委员会请求，进驻曲周县张庄村，建立“治碱实验站”，开始改土治碱工作。经过长期研究与实践，提出了黄淮海平原季风气候带区域水盐运动规律和工程生态设计方法，建立了盐渍化障碍因素综合治理工程配套技术体系，在世界农业发展基金会无息贷款等项目支持下，完成曲周县北部 28 万亩（1 亩约为 666.7 m^2）盐碱地的改良，使农业生产面貌发生了显著变化。1988 年，李鹏总理亲临实验站视察，盐碱土区农民为农大师生树碑立传。农大师生与曲周县干部群众紧密团结，在长期艰苦奋斗过程中，形成了“责任　奉献　科学　为民”的曲周精神。

一、追踪溯源：曲周盐碱地的形成原因

曲周属暖温带半湿易干旱季风气候区，光、热、水等气候资源比较丰富，可一年两熟。但由于受季风的强烈影响，冬春季寒冷干燥，夏季温暖多雨，年均降水量为 558.7 mm，年均变率大（23.4%），年内分配不均，7—8 月的降水量约占全年的 60%，常积水成涝。年蒸发量为 1 840.6 mm，是年降水量的 3 倍，降水少，蒸发强烈，春旱尤为严重。浅层地下水矿化度较大，一般在 5～7 g/L，个别达 11 g/L。且地下水位高，春季返盐期潜水埋深一般小于 2 m，多为 1～1.5 m。在气候因素的综合影响下所形成的原生盐渍土（图 2-2），具有积盐深度大、含盐量高、历史长等特点。曲周土壤盐碱的形成与所处的地形、气候密切相关，与当地的旱涝灾害相辅相成。

由于长期受盐碱危害，土地贫瘠，粮食产量长期得不到提高，群众生活困苦不堪，常以红高粱加野菜为食，以苦咸水解渴，以土屋草房为家。民间流传“春天白茫茫，夏天水汪汪，只听耧声响，不见粮归仓”的歌谣。庄稼无收，人们只好以淋小盐、熬卤水为业，当地流传“斥卤荒滩千百年，人们代代淋硝盐，有雨对付撒点籽，没有雨水就荒田”的俗语。

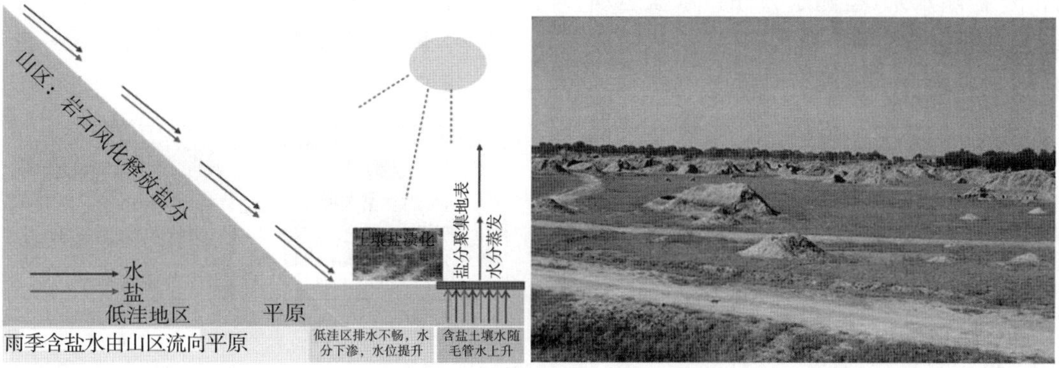

图 2-2　土壤盐渍成因示意图(左)及盐碱地原貌(右)

(图片来源:曲周实验站)

二、改土治碱的过程

(一)总理指示,奔赴曲周,扎根张庄

在黄淮海大平原上,像曲周这样土壤旱涝碱咸、灾害严重、低产缺粮的土地,共有 5 000 多万亩,占整个平原耕地面积的 15%。从新中国成立初期到 20 世纪 70 年代,国家每年都要从其他地区,尤其是南方地区,向这里调入救济粮,被称作“南粮北运”。党和国家领导人牵挂着黄淮海平原旱涝碱咸灾害中生活困苦的人民。1973 年,抱病主持北方抗旱会议的周恩来总理作出指示:一定要治理好北方盐碱地!1973 年 10 月,为响应党和国家的号召,石元春、辛德惠、林培、黄仁安、雷浣群 5 人组成的研究小组来到曲周最苦最穷的“老碱窝”张庄大队,扎下来,住漏雨、漏雪、漏土的“三漏房”,吃粗高粱拌粗盐粒、干辣椒,和群众一起着手改土治碱(图 2-3)。虽然生活条件非常艰苦,但大家立下誓言:不治好盐碱就不回家!

图 2-3　农大教师在张庄实验田(左)、简陋的实验室(右)工作

(图片来源:曲周实验站)

(二)科学实验:教授和农民携手,理论和实践结合

在进行大量的实地科研调查和数据分析的基础上,农大老师逐步总结出半湿润季风气候

条件下“盐随水来，盐随水去”的“水盐运动”理论，提出了“以浅井深沟为主体，农、林、水并举”的综合治理方案(图 2-4)，以及盐渍化障碍因素综合治理工程配套技术体系，并与农民一起，在张庄村盐碱地开展实验。

图 2-4 “以浅井深沟为主体，农、林、水并举”的盐碱治理示意图

(图片来源：曲周实验站)

(三)初见成效：张庄村盐碱地变良田

经过农大科研集体数年如一日坚持不懈，采用科学的治碱方法，张庄村实验田的土壤盐碱问题得到了很好的治理，原来不能长庄稼、被农民称为“飞机场”的盐碱地变成了良田，村里的粮食生产状况得以显著改善。1972 年，张庄村粮食亩产量只有 79 kg，到 1978 年，亩产量达到 500 kg，农民开始向国家售卖余粮，从此结束了吃国家救济粮的历史。农民生活水平越来越高，人均收入大幅度增长，村里的破土房变成了新砖房，张庄村成了远近闻名的明星村。张庄村改土治碱的成功也为黄淮海平原其他地区盐碱地治理带来了希望(图 2-5)。

(四)成效放大：曲周县北部 28 万亩盐碱地变成粮田

曲周改土治碱成功地引起了国家的重视。1978 年春天，原北京农业大学副校长沈其益教授在听了张庄村科研组工作汇报之后，给社会科学院于光远和裴丽生同志写信，建议把张庄经验推广到整个黄淮海平原涝洼盐碱地治理，信中指出：“黄淮海平原有盐碱地五千万亩以上，如何进行综合治理，亩产达到 600 斤，可为国家提供商品粮二三百亿斤，产量进一步提高，商品粮还可以增加一倍，希望农林部，国家科委和计委①，进行调查研究，尽快把这一地区建成我国的大粮仓。”

① 国家科学技术委员会和计划委员会。

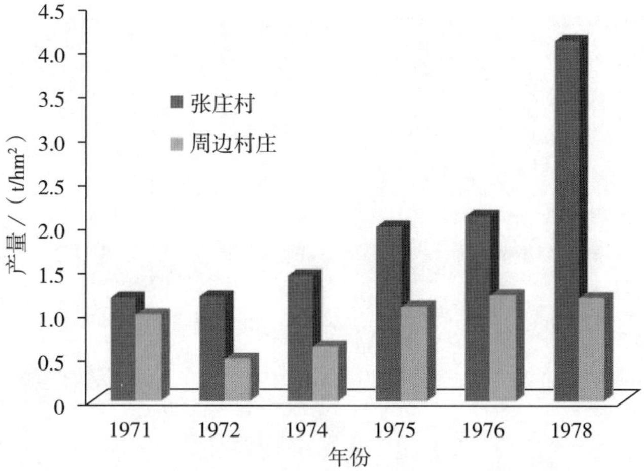

图 2-5 1971—1978 年张庄村及周边村庄粮食产量变化

（数据来源：曲周县统计局）

1978 年秋，农业部杨立功部长考察曲周实验区。对实验区改土治碱的成效和做法给予充分肯定。此后农业部和河北省政府拨款 400 多万元，推动试验区成果向曲周北部 6 万亩盐碱地扩散。农业部和河北省领导也多次考察试验区。1979 年，张庄旱涝碱咸综合治理试验区科研组获得国务院嘉奖（图 2-6）。

图 2-6 农业部杨立功部长考察曲周实验区（左）及国务院颁发的嘉奖令（右）

（图片来源：曲周实验站）

1979 年初，国家科学技术委员会和农业部召开黄淮海平原五省旱涝盐碱综合治理“商丘会议”，决定开展黄淮海平原旱涝盐碱综合治理区划，由农大曲周试验区牵头负责。同年，曲周实验站获得国家专款资助，在四疃镇建设实验站，各项盐碱治理工作全面、系统展开（图 2-7）。

曲周治理盐碱地的成绩和经验，也逐渐引起各级政府和国内外专家的关注，国际官员和专家纷纷前来考察，认为综合治理的经验是成功的，具备引用外资、推广经验、进行大面积试验的基础（图 2-8）。

图 2-7 曲周实验站原貌

（图片来源：曲周实验站）

图 2-8 曲周改土治碱经验吸引国际关注（左：1980 年，沈其益副校长陪同美国专家考察试验区麦收；右：1981 年，匈牙利专家考察曲周）

（图片来源：曲周实验站）

1982 年 11 月，农业部、河北省政府与世界农业发展基金会正式达成“河北农业发展项目贷款协定”，金额 2 294 万元。外资引进解决了治碱工作缺少资金这一最大的难题。1983—1987 年，曲周 28 万亩盐碱地得到了全面综合治理，从根本上改变了曲周县农业生产条件。这是我国改革开放以来在农业上引进的首笔外资，对以后我国农业引进外资的决策起到了巨大的推动作用。

1985 年，国际盐渍土改良学术讨论会在济南召开，与会代表来到曲周考察中国治碱情况，对农大与曲周共同探索的盐碱土改良成果给予高度评价，国际土壤学会副秘书长、著名土壤学家萨博尔樊教授称：“中国盐渍土的改良工作是世界第一流的。”（图 2-9）

国际会议会场，济南

辛德惠向专家介绍曲周经验

国际专家在曲周研讨

光明日报

GUANGMING RIBAO

“中国盐渍土的改良工作是世界第一流的”

我国第一个关于自然保护区的法规

光明日报发表文章

图 2-9　国际盐渍土改良学术讨论会及相关考察报道

（图片来源：曲周实验站）

改土治碱的成功，彻底改变了曲周北部 28 万亩盐碱地的面貌，原来的盐碱地变成了粮田。曲周县粮食产量快速提高，农民生活不断改善，农村面貌发生巨大变化。1988 年 6 月 14 日，时任国务院总理李鹏视察曲周试验区，对盐碱地治理工作成效给予了高度评价。同年，北京农业大学根据曲周经验，向国家有关领导提出农业开发的建议，农业综合开发重点放在黄淮海平原。

（五）曲周经验走向全国

在黄淮海平原项目下，国家将黄淮海平原、三江平原、黄土高原、北方干旱地区和南方红黄壤区等五大区域的农业综合治理与开发研究列为国家科技攻关计划，取得了显著的成绩，为我国区域治理和区域经济发展作出了重要贡献。1988—2010 年，全国农业开发区的粮食累计新增量占全国总产新增量的 2/3。自 1978 年以来，南方地区粮食集中度由 60％降到 40％，而北方地区则从 40％增加到 60％，扭转了我国尤其是北方地区长期缺粮的历史！

全国人大原副委员长、中国科学院院长周光召院士说，黄淮海平原盐碱地综合治理，是我国历史上最大的一次农业科技大会战，在世界上史无前例，可誉为中国农业的“两弹一星”。

1988 年，曲周县委和人民政府在农大校园立碑铭谢，上刻：“改土治碱　造福曲周”（图 2-10）。1993 年，曲周县委和人民政府在曲周实验站立碑。同年，“黄淮海地区农业综合开发研究”与“两弹一星”一起获得国家科技进步奖特等奖，这是我国第一个获此殊荣的农业科研项目，也是迄今为止中国农业大学唯一一次获得此奖（图 2-11）。

图 2-10　1988 年教师节，中共曲周县委和人民政府在北京农业大学校园立碑

（图片来源：曲周实验站）

石元春（中）领奖

国家科技进步奖特等奖证书和奖杯

图 2-11　黄淮海地区农业综合开发研究项目获奖

（图片来源：曲周实验站）

三、小结

20 世纪 70—80 年代，中国农业大学师生响应党和国家号召，深入曲周县农业生产一线，与曲周县干部群众同吃、同住、同劳动，共同努力，艰苦奋斗，理论联系实践，摸清了曲周盐碱地形成的原因，掌握了季风气候条件下水盐运动的客观规律及其调控途径和措施，提出了“以浅井深沟为主体，农、林、水并举”的盐碱地治理方案，形成了一整套治理方法，取得了显著的降盐、改土、增产作用。在政府和世界农业发展基金会无息贷款等的支持下，由张庄村试验区（一代试验区）再到二代、三代试验区，把曲周县北部 28 万亩盐碱地改造成米粮川，彻底改变了盐碱地区生产条件，改善了农民生活，创造了科学家与农民结合、理论与实践融合、高校与地方联合的改土治碱的曲周模式，不仅惠及曲周百姓，而且惠及黄淮海地区乃至全国。

思考题

1. 曲周盐碱地的形成原因与水盐运动规律是什么？
2. 为治理曲周地区盐碱地，中国农业大学提出了什么理论？采取的治理措施有哪些？
3. 盐碱地治理的原理是什么？

参考文献

华北农业大学盐碱土改良研究组，1977. 旱涝碱咸综合治理的研究. 华北农业大学《农业科技参考资料》.

“黄淮海平原中低产地区综合治理研究”课题组，1990. 黄淮海平原浅层咸水型盐渍化低产区综合防治规范化配套技术和综合效益研究：曲周试验区工作报告、技术报告、应用报告. 北京：北京农业大学.

“黄淮海平原中低产地区综合治理研究”课题组，1991. 黄淮海平原不同类型中低产地区综合治理技术研究(试验区综合治理). “七五”国家重点科技攻关课题材料之二.

石元春，2013. 黄淮海平原的水盐运动：纪念黄淮海科技战役 40 周年. 北京：中国农业大学出版社.

辛德惠，1995. 盐渍化改造区农业综合可持续发展. 北京：中国农业科学技术出版社.

中国农业大学曲周精神专题 http://qzjs.cau.edu.cn/

附　录

【材料一】 曲周改土治碱工作取得的效益

(一)“三区”建设的主要技术经济指标提前超额完成

试验区(耕地面积 2.7 万亩)：截至 1989 年，一代试验区(1.0 万亩)，粮食总产 325.92 万 kg，亩产 741.0 kg；棉花总产 39.55 万 kg，亩产 80.7 kg。二代试验区(1.08 万亩)，粮食总产 293.41 万 kg，亩产 547.5 kg；棉花总产 25.12 万 kg，亩产 62.8 kg。农村经济总收入，一代试验区 475.36 万元，人均总收入 1 469 元；二代试验区 367.33 万元，人均总收入 1 746.7 元；三代试验区 496.5 万元，人均总收入 1 407.7 元。

示范区(耕地面积 28 万亩)：截至 1989 年，粮食总产值达到 6 814.9 万 kg(亩产 445.3 kg)，比基期(1983—1985 年三年平均)累计增产 5 710.17 万 kg，年均增产 1 429.5 万 kg，基本达到专题合同所规定的指标。棉花总产值达 532.5 万 kg(亩产 47 kg)，比基期累计增产 718.75 万 kg，年均增产 178.1 万 kg。农村经济总收入达到 13 749.9 万元，比基期累计增收 24 929.36 万元，年均增收 6 232.3 万元，超过专题合同所规定的年均增收 1 600 万元的 289.5%。畜牧业产值由 1985 年的 409 万元，提高到 896 万元，增长了 119.07%，年递增 21.66%。人均总收入达 113.80 元。提前完成了专题合同指标。

扩散区（曲周县南部，耕地面积 44 万亩）：截至 1989 年，粮食总产 10 245.6 万 kg，比基期累计增加 4 942.13 万 kg，年均增产 1 235.5 万 kg；棉花总产 906.4 万 kg，比基期累计增产 669.02 万 kg，年均增产 167.26 万 kg。农村经济总收入 20 224.04 万元，累计增加 36 278.84 万元，年均增收 9 069.7 万元；人均总收入 1 061.0 元。畜牧业产值 1 344 万元，比 1985 年的 892.4 万元增长 50.61%，年递增 10.78%。

（二）综合效益显著

"七五"期间试验区综合效益显著提高的主要标志是：第一性产品大幅度增加，经济收入迅速增长，生态环境明显改善，人民生活水平不断提高，对社会的贡献日益增加。

1. 生产效益

农业生产主要是粮食生产，1986—1989 年全国粮棉生产正处在徘徊下降的总趋势下，试验区农业生产却始终保持着较快速度的增长趋势。1989 年，小麦、玉米、棉花三大作物平均亩产达到 312.7 kg、347.6 kg 和 72.9 kg，分别比基期（1983—1985 年平均，下同）提高了15.6%、81.8%、51.2%。粮食总产由基期的 569.24 万 kg 提高到 850.86 万 kg，提高了 49.5%，年递增 10.57%；棉花总产由基期的 27.84 万 kg 提高到 81.72 万 kg，提高了 193.53%，年递增 30.89%。四年累计增长粮食 768.07 万 kg，棉花 111.73 万 kg。

在试验区的影响和推动下，曲周县 1981—1989 年粮食生产连续 9 年保持增长势头，1989 年粮食总产达 17 060.5 万 kg，比 1980 年增长 103.89%，年递增 8.23%。9 年累计增产粮食 49 222.0 万 kg，年均增长粮食 5 469.1 万 kg。

2. 经济效益

截至 1989 年，三代试验区的总收入由基期的 625.21 万元提高到 1 339.19 万元，增长 114.20%，年递增 20.98%；人均收入由 752.8 元提高到 1 517.2 元，增长了 101.54%，年递增 19.15%。对试验区 151 个农户经济收入进行抽样调查中，家庭总收入超过万元的农户占总调查户的 22.52%，人均总收入超过 1 500 元的农户占 47.02%，人均收入超过 2 000 元的农户占 9.30%。

1986—1989 年，全试验区总计增加经济收入 1 313.9 万元，示范区增加 2.49 亿元，曲周县全年累计增加 6.12 亿元。

3. 生态效益

农田工程与生物工程相结合，试验区的生产条件和生态环境发生了深刻的变化。

（1）抗旱排涝能力增强。在农田工程系统的正常运转下，农田抗旱排涝能力大大提高，已超过"百日无雨，不受旱情影响"的指标；过去连续降水 100 mm 便成涝灾，现在三日内降水 300 mm 左右也不受影响。1989 年邯郸地区大范围降雨，暴雨集中区 7 月 17—20 日连续降水达 360 mm 左右，试验区相邻的诸县均发生不同程度的洪涝灾害。肥乡县 54.5 万亩受灾，近5 万亩绝收；广平县 22 万亩受灾，4 万亩绝收；平乡县路毁桥塌，灾情严重，而居中的曲周试验区和示范区却没有形成任何灾害，农业生产创造历史最好水平。

（2）农业生产条件极大改善。盐碱地面积不断减少，试验区由原来的 9 000 多亩减少到

8 000 多亩，盐渍化程度普遍下降；示范区由原来的 15.03 万亩，减少到 6.43 万亩，减少 57.20%，年递减 11.97%；邱县辛集村经过两年改造，盐碱地面积也发生了明显的改变，重盐碱地由原来的 2 346.8 亩减少到 1 364.1 亩，下降 41.87%。

土壤肥力普遍提高，土壤有机质含量由原来的 0.6%～0.7%普遍上升到 1%左右，最高可达 1.5%左右。

(3)生态环境质量不断提高。农田林网工程充分发挥了改善环境的作用，农村环境质量不断提高，试验区已形成有益人们健康和适宜鸟类生长的优良环境。田间小气候得到改善，环境宜人，放眼望去，大地一片平坦，林网方田到处郁郁葱葱。

4. 社会效益

(1)群众生活水平提高。随着试验区生产的发展，人民收入不断增加，生活水平不断提高。“七五”期间，试验区和示范区的约 13 万人民群众基本上结束了过去那种饮苦水、吃“三江”、住土屋的困苦生活。现在是村村新瓦房，户户自来水，人人吃白面，而且还添置了不少现代化的家庭设备。1986—1989 年间，试验区农民新建砖瓦房 3 718 间，平均每户修建 1.75 间；新购电视机 461 台，户均 0.22 台；新购录音机 212 台，户均 0.38 台。收音机、自行车、缝纫机等更是大量增加。试验区农民已经摆脱了贫苦，早已解决温饱，正在向小康水平发展。

(2)向国家的贡献增加。综合治理前，试验区的吃粮靠返销，花钱靠救济。经过综合治理，一、二、三代试验区都先后达到粮食自给有余。随着生产力水平的提高，试验区向国家提供的商品粮棉越来越多。1986—1989 年四年累计向国家提供商品粮 958.6 万 kg，商品棉(皮棉) 223.09 kg，分别比基期年递增 8.6%和 30.9%。

在试验区的影响和推动下，示范区乃至全曲周县对国家的贡献也不断增长。

(3)试验区影响日益扩大，科研成果得到广泛应用和推广。“七五”期间，试验区的成果不仅在示范区和扩散区加以示范和推广，取得了显著的效益，受到国内外专家的一致好评，而且促进了邯郸地区盐碱地的综合治理和开发，形成邱县、鸡泽、广平、肥乡四县约 60 万亩盐渍化低产农田开发区，其中盐碱地 24 万多亩。北京农业大学作为主要技术依托，运用试区所取得的综合治理配套技术，已经取得了初步成效，受到了开发区各县的信赖和欢迎。

【材料二】 辛德惠院士事迹

1973 年，辛德惠院士率先奔赴河北曲周，开始了他一生为之呕心沥血的黄淮海平原盐渍化低产地区综合治理与农业综合发展的伟大事业。他和北京农业大学的许多同志一起改土治碱，使曲周试验区发生了翻天覆地的变化，获得了巨大的综合效益。

“六五”“七五”期间，以改土治碱为核心的科学会战取得了辉煌成绩。在盐碱地治理取得辉煌成绩基础上，以辛德惠院士为首的团队继续扎根曲周，探索传统农业向现代化农业的致富之路，提出了“农业-农村持续发展三阶段理论和方法体系”，承担了多项国家重点、重要科学研究任务，为曲周县农业综合发展和县域经济发展作出了重要贡献，把曲周经济和现代农业发展推上了快车道。依托曲周实验站开展了科研、社会服务和人才培养等多方面的工作(附图 2-1)。

辛德惠与弟子们合影

规划曲周及周边 5 县治理蓝图

附图 2-1　辛德惠院士与课题组成员在曲周开展工作

（图片来源：曲周实验站）

1999 年 5 月 27 日，辛德惠在赴宁波考察途中突发心脏病，抢救无效，以身殉职。应宁波和曲周干部群众的强烈要求，其骨灰一分为三，分别葬于北京、宁波和曲周（附图 2-2）。辛德惠把自己最宝贵的一生献给了农业，献给了曲周大地，他虽然离开了我们，却在曲周留下了两笔丰厚的遗产：用科学和 20 多年的心血征服了 28 万亩盐碱地；把“科学技术是第一生产力”植入曲周农民心中（农民日报社）。他的光辉形象深深地烙在曲周人民心底，他的精神更激励着一代代农大人在这里奋斗不息。

附图 2-2　坐落在曲周实验站院内的辛德惠墓

（图片来源：曲周实验站）

在长期的农业生产科学研究与实践中，辛德惠针对中国农业农村的实际问题，提出了“盐渍化综合治理工程生态设计理论和方法”“农业-农村持续发展三阶段理论和方法体系”以及“泛生态学”的学术思想体系。他为人师表，率先垂范；严于律己，宽以待人；作风朴实，为人忠厚；胸怀坦荡，光明磊落。他以实际行动实现了自己的信念：“为了未来事业，竭尽余力，死而后已。”

在辛德惠等老一辈科学家的带领和改土治碱精神感召下，更多的中国农业大学师生来到曲周，奉献“三农”。“十一五”以来，针对黄淮海地区面临的小农户分散经营、水资源紧缺等问题，中国农业大学师生与曲周县紧密合作，共建“高产高效现代农业发展道路研究基地”，开展高产高效理论技术研究攻关；创建“万亩小麦玉米高产高效技术示范基地”，推动高产高效技术大面积应用。农大师生深入农村，在全国首创科技小院，探索农业科技创新、人才培养和社会服务三位一体科技小院新模式，推动研究成果应用、人才培养更好地服务于曲周县农业发展。新的历史时期，中国农业大学师生又积极响应国家乡村振兴、绿色发展号召，与曲周共建国家农业绿色发展先行区、国家农业科技现代化先行县，探索新时期农业绿色发展的新模式。

第三章

黑土地保护与利用，路在何方

Conservative utilization of the black soil, where is the way

摘要:传统农业对黑土地长期高强度的开采利用已导致黑土地严重退化。以秸秆覆盖和少免耕作为主要特征的保护性耕作技术,可以在减少土壤风蚀水蚀、提高土壤有机质含量的同时,维持或提高玉米产量。保护性耕作技术对农机和配套农艺技术要求较高,导致其在农民中的推广难度较大。过去的15年,吉林省梨树县通过"高校-合作社-推广站"的紧密协作平台,创新优化了保护性耕作的新模式——"梨树模式",同时,培养了科技农民,使黑土地保护性耕作技术得以大面积推广应用。本案例通过介绍"梨树模式"的发展与推广过程,帮助学习者掌握黑土地保护性耕作技术的重要性和技术难点,同时了解农业推广的有效策略。

Abstract: The long-term and intensive exploitation and utilization of black soil under conventional cultivation system has led serious degradation. Conservative cultivation, characteristic of straw mulching, no-till or minor till, can protect soil from wind and water erosion, increase soil organism, and increase or maintain maize yield. However, these techniques were poorly used by the farmers, because of the high demand of agriculture equipment and soil-crop management techniques. In Lishu, Jilin province of China, by establishing a platform linking researchers, agriculture extension staffs and the farmers, a successful conservation cultivation technique so-called "Lishu model" was created. Meanwhile, the scientific farmers were trained to facilitate the usage cultivation technique in a large area. In this case study, by introducing the development and extension of "Lishu model", the aim is to let the students to understand the importance and main techniques of conservative cultivation, and get to know the effective strategy for agricultural extension.

关键词:梨树模式;农机与农艺;高校+合作社+推广站

Key words: Lishu model; agricultural machinery and agronomy; universities+cooperatives+agricultural extension station

【适用课程】 养分资源综合管理、肥料资源与养分综合管理

【教学目的与要求】 理解土壤保护性利用的重要性与技术应用难点;体会农业实践与理论的差距;了解"高校-合作社-推广站"协同配合在农业科技创新和成果落地中的重要性。

【案例知识点】 黑土壤退化影响粮食安全;保护性耕作技术可以协同实现粮食增产与土壤保护;农机农艺技术融合是现代农业发展的保证;"高校-合作社-推广站"合作,有利于提高科技成果到位率。

【撰写时间】 2022 年 3 月 1 日

东北地区以自身约 11 107 万的人口，额外供养了约 23 661 万人，粮食自给率达到了 315%，牢牢端起了中国饭碗。从我国粮食生产历史和当前国家为粮食安全所做的各项举措来看，东北地区作为我国最大的玉米、优质粳稻和大豆产区，一直是我国重要的商品粮生产、储备基地和粮食调运基地。其中玉米种植面积在 2017 年达到 1 271.9 万 hm^2，占全国玉米种植面积的 30%。东北地区耕地主要分布在松嫩平原、三江平原和辽河平原，主要土壤类型包括暗棕壤、草甸土、黑土、棕壤、白浆土、黑钙土、沼泽土、栗钙土、栗褐土等 9 大土壤类型。其中黑土、黑钙土、草甸土和白浆土是东北“黑土地”主要构成土壤（范作伟等，2018）。以黑龙江省和吉林省为例，黑土、黑钙土、草甸土的利用率较高，均达到 60%以上，主要种植春玉米、水稻和大豆，这也使得东北地区成为世界三大黑土带之一。保护黑土地，实现其合理开发与利用，对巩固东北地区粮食生产重要地位、保障我国粮食安全、促进生态文明建设与乡村振兴均具有重要意义。

近年来，国家十分重视黑土地的保护与利用，出台了一系列政策和规划。“十四五”规划明确要求：“实施黑土地保护工程，加强东北黑土地保护和地力恢复。”2015—2021 年，中央一号文件连续 7 年提及黑土地保护内容，2021 年中央一号文件更是明确指出：“实施国家黑土地保护工程，推广保护性耕作模式。”《东北黑土地保护性耕作行动计划（2020—2025 年）》要求，将东北地区（辽宁省、吉林省、黑龙江省和内蒙古自治区的赤峰市、通辽市、兴安盟、呼伦贝尔市）玉米生产作为保护性耕作推广应用的重点，兼顾大豆、小麦等作物生产。力争到 2025 年，保护性耕作实施面积达到 1.4 亿亩，占东北地区适宜区域耕地总面积的 70%左右，形成较为完善的保护性耕作政策支持体系、技术装备体系和推广应用体系。

一、黑土地及其面临的问题

东北地区地处寒温带、温带和暖温带的湿润、半湿润和半干旱地区，位于中高纬度欧亚大陆的东岸，包括黑龙江、吉林、辽宁和内蒙古东部区域（赤峰市、通辽市、兴安盟和呼伦贝尔市，简称内蒙古东四盟）。北临有“世界寒极”之称的东西伯利亚，与俄罗斯接壤；西面是高达千米的内蒙古高原；南临中国黄海和渤海；东部临日本海，与朝鲜半岛相接。东北黑土区北起黑龙江右岸，南至辽宁的阜新，西界直接与松辽平原接壤，东界可延伸至小兴安岭和长白山区的部分山间谷地，以及三江平原的边缘，另外，大兴安岭东麓山前台地也有分布，黑土区总面积约为 70 万 km^2。东北黑土在形成上均具有显著的腐殖质累积过程和淋溶过程，在剖面表层中均有一定厚度、以黑色调为主的腐殖质层，使得这类土壤均具有较高的潜在肥力和优越的理化性质，为作物生长提供了良好的土壤环境。同时，随着区域性降水量的差异，在剖面一定深度往往存在钙积现象（如黑钙土和栗钙土），或因垂直和侧向淋溶形成灰白色的白浆层，使得这些土壤均不同程度地存在农业利用上的障碍性因素。

近些年来，黑土质量退化严重，粮食安全可持续性隐患明显。在东北，当地农户习惯了以传统旋耕和垄作为主的精耕细作（图 3-1）。在这种模式下，需要将上季的玉米秸秆清理出玉米田，以便进行耕作和播种。虽然粮食综合生产能力在不断提高，但当前黑土地可持续利用中已凸显出一系列问题，特别是长期高强度利用下黑土地质量退化的问题。在气候方面，东北地区总体呈降水量下降的趋势，冬春季节多大风，耕地地表常常裸露，土壤风蚀严重；夏秋季节降水集中，增加了水土流失的风险，在坡耕地尤为严重。同时，很多地方的玉米秸秆无法利用，只能在田间焚烧，造成严重的环境污染。黑土地经过多年的高强度利用以后，面临着不同程度的退化。由于气候、区位、开发年限、资源禀赋和利用方式的不同，东北黑土地退化的程度和表现不尽相同，但共同特征是黑土层在“变薄、变瘦、变硬”(李保国等，2021)。黑土层厚度每年下降 2～10 mm，耕层有机质含量比开垦初期下降了 40%以上，50%的农田存在紧实的犁底层、碱化层、白浆层等障碍层次。当前，我国东北黑土地区水土流失面积达到黑土总面积的 34%，每年黑土流失总量可达 1 亿～2 亿 m^3，流失掉的 N、P、K 养分相当于上百万吨的化肥。现有的农业耕种方式并不能适应未来气候变化，如不采取适当措施，未来东北地区玉米产量可能减少 2%～4%(吴海燕等，2014)。

图 3-1　东北春季玉米秸秆焚烧(上)及垄作耕作模式(下)(图片来自米国华)

二、可能的解决方案及存在的挑战

保护性耕作是解决上述黑土地保护与利用问题的一个重要途径。保护性耕作是指通过少耕、免耕、地表微地形改造技术及地表覆盖、合理种植等综合配套措施，减少农田土壤侵蚀，从而保护农田生态环境，并获得生态效益、经济效益及社会效益协调发展的可持续农业技术。其核心技术包括少耕、免耕、缓坡地等高耕作、沟垄耕作、残茬覆盖耕作、秸秆覆盖等农田土壤表面耕作技术及其配套的专用机具等，配套技术包括绿色覆盖种植、作物轮作、带状种植、多作种植、合理密植、沙化草地恢复以及农田防护林建设等。对于连作玉米而言，主要是免耕与少耕技术。《东北黑土地保护性耕作行动计划（2020—2025 年）》也重点推广秸秆覆盖还田免耕和秸秆覆盖还田少耕两种保护性耕作技术类型。

虽然保护性耕作具有很多优点，但其推广应用面临很大的挑战。在栽培技术方面，虽然常年的秸秆覆盖免耕还田可以保护黑土地，但对于玉米生长来说，也存在很多限制产量提升的障碍因素。在我国北方冷凉地区以及春播时期易出现低温多雨天气的条件下，秸秆覆盖常常导致地温较低，土壤升温缓慢，可能会对玉米出苗和苗期生长产生不利影响。同时，秸秆覆盖量大或者覆盖不均会对播种造成困难，导致播种质量较差、出苗不齐或幼苗生长较弱（杨轶囡等，2016）。

在农机具方面，虽然农机市场出现了一批免耕播种机械，但农机市场杂乱，很多小厂家的免耕播种机作业后达不到秸秆覆盖免耕播种规程要求的效果，往往出现秸秆拖堆、苗带土壤不平整、播种深度不一致等现象。

在土地规模和农业经营方式方面，我国东北地区土地集约化程度仍相对较低，每个家庭的每个作业单元田块只有 1 亩左右，只能适应小型农业机具，农机投入的经济效益也不高，因此，很难直接搬用欧美的大型机械和大面积作业技术模式。发展农民合作组织，将分散的土地集约化经营，才能有效地应用保护性耕作机具，更好地实施保护性耕作技术。

在农民文化素质和科技水平方面，农户本身对秸秆覆盖还田技术的认识不够，采用积极性不高。虽然东北地区有超过 50%的农户认为秸秆覆盖还田不仅能降低秸秆外运、耕整地等农事操作的成本投入，还能保护环境和提高农田土质量，但仍有 60%左右的玉米秸秆用于冬季农村取暖和饲喂牲畜。在缺乏技术信息的情况下，大部分农户对秸秆覆盖还田技术的操作规程不熟悉，这既不利于农户对技术的理解和使用，也不利于社会组织技术服务质量的提高。当出现技术操作不当导致的农作物生产问题时，农户反而会认为是秸秆覆盖还田技术本身的问题，从而进一步阻碍了该项技术的推广应用。因此，一方面需要对农民开展技术培训，另一方面需要加强保护性耕作技术科学研究，不断完善与优化农机农艺技术，使农民更容易掌握。

为此，《东北黑土地保护性耕作行动计划（2020—2025 年）》强调，保护性耕作技术的推广要从以下四方面入手。①组织整县推进。以整体推进县（市、区）为重点，以新型农业经营主体为载体，以科研和推广单位为支撑，通过政策持续支持，在县、乡两级建设一批高标准保护性耕作应用基地（每个县级基地集中连片面积原则上不少于 1 000 亩、乡镇级不少于 200 亩）。②强化技术支撑。包括组建专家指导组、布局长期监测点、加强基础研究等。③提升装备能力。包括推进研发创新、完善标准体系、增加有效供给等。④壮大实施主体。包括支持服务主体（农机合作社等农业社会化服务组织）发展、推进服务机制创新、加强培训指导等。

吉林省梨树县保护性耕作技术创新与推广应用，为东北黑土地保护性耕作行动计划提供了一个范例。

三、黑土地保护与利用的成功案例——“梨树模式”

吉林省梨树县地处世界三大黄金玉米带，是吉林省及全国玉米生产大县，每年玉米种植面积约为 200 万亩。梨树县的气候与土壤条件适合玉米种植，土壤以黑土类为主，玉米播种期在

5月1日前后，收获期在9月30日前后，共计150 d左右，其间降水量为450 mm左右。据模型测算，该地区的玉米最高产量潜力可达15 t/hm^2。然而，随着全球气候变化，该区域的降水量逐渐减少，干旱趋势加重，西部尤其突出。春季大风、夏季暴雨、秋季台风等极端性天气频率增加，土壤的风蚀水蚀严重。

梨树县农村人均有6亩耕地，每户有1～2 hm^2 耕地，是我国当前中等土地规模、农户分散经营的典型代表。梨树县玉米以宽窄行起垄种植为主，一般春季4月下旬到5月中上旬为最佳耕种时间，农民大多使用旋地机和免耕播种机进行整地和播种。

从2009年以来，中国农业大学、吉林农业大学、吉林农业科学院与吉林省梨树县农业技术推广中心合作，开展科研、技术集成与示范，将玉米栽培技术与梨树县气候土壤特点相结合，针对在田间发现的生产问题，在科学试验与不断总结农户生产经验的基础上，将有效的技术进行集成，总结成“梨树县玉米高产高效技术规程”（包括测土配方施肥技术、优良品种、增密技术、播期控制、化控防倒技术、病虫害防治、晚收技术等），同时创新推广机械化施肥技术、滴灌施肥技术、条耕技术。通过组织农户玉米高产高效竞赛及扶持农民合作社的途径，实现了大面积玉米高产高效，促进梨树县农业生产规模化、机械化发展，为中等种植规模条件下的现代农业发展道路提供了经验。该县于2007年前后引进玉米免耕播种机，于2013年引进条耕机，逐步发展了玉米秸秆全覆盖免耕、玉米秸秆条带覆盖免耕等多种技术模式。经过10多年的发展，梨树县逐步走出一条黑土地保护性利用的路子。

2019年对梨树县42家重点合作社进行调研，玉米总种植面积达到1.3万 hm^2，耕作方式以秸秆全覆盖免耕、秸秆条带覆盖免耕和秸秆混拌还田3种方式为主，应用面积分别占7.2%、35.7%、47.6%。秸秆混拌还田与美国覆盖耕作（mulch-till）类似，在种植前用旋耕机将粉碎的秸秆混拌到耕层土壤，耕种后地表秸秆覆盖率为30%～40%。传统耕作方式面积仅占9.5%，说明以合作社为代表的中等种植规模主体已经普遍接受秸秆还田理念，但是客观因素制约严重，农机与农艺不能进行有效的匹配。

（一）“梨树模式”的建立与发展历程

“梨树模式”是在结合秸秆全量覆盖还田、免耕或少耕（条耕）技术、宽窄行技术基础上形成的一种农机农艺种植技术模式。“梨树模式”是伴随着免耕机械、条耕机械的引进与国产化，同时融合当地的玉米宽窄行种植模式而形成的一种独特的保护性耕作模式。这种模式的形成是高等院校科研人员、农技推广站、农民合作社长期协作的结晶。它解决了东北黑土区长期玉米秸秆焚烧导致的土壤风蚀水蚀、有机质退化以及衍生的环境问题，应对了不断加剧的干旱危害问题，为实现粮食持续稳产高产和环境保护提供了有力的保障。

1. 免耕机与免耕技术研发

2007年前后，梨树县高家村康达合作社关义新博士与梨树农技推广总站王贵满等合作，模仿美国免耕机器，在梨树试制成功了康达牌免耕播种机（图3-2）。2009年前后，中国科学

图3-2　康达牌免耕播种机（图片来自米国华）

院沈阳应用生态研究所张旭东研究员在康达合作社建立了长期免耕技术研究实验示范田，开启了秸秆全量覆盖还田免耕技术研究。然而，该技术的应用速度十分缓慢，一个主要原因是常常造成免耕地块产量下降，农民不认可；另一个原因是免耕播种机价格较高，耕作面积小，经济上不合算，所以购买者较少。

2. 免耕机的普及

2014 年前后，随着农民合作社的发展，合作社土地经营面积不断扩大，这就要求在较短时间内完成大面积播种。免耕播种不需要土壤耕作，可以在有利的土壤及气候条件下完成大面积播种，因此开始得到合作社的青睐，大家纷纷购买免耕播种机，这极大地促进了免耕机的普及。然而，农民只是用这个机械来播种，并不采用秸秆覆盖技术。秸秆仍然是被焚烧，或者移出农田作其他用途。除了观念陈旧以外，技术不标准、玉米产量不高不稳仍然是主要的限制因素。

3. 科技小院、配套技术优化与"梨树模式"的雏形

一项技术的发展不可能仅靠一个环节的完善。只有实现高产稳产的技术，农民才愿意采用，而一项新技术的应用，需要有配套的高产栽培管理技术。2009 年前后，中国农业大学米国华教授、吉林农业大学高强教授、吉林农业科学院李刚教授带领学生，在梨树县建立了多个科技小院，开展东北玉米高产高效技术研发和农户玉米高产高效竞赛活动，优化测土配方施肥、密植品种与增密种植、宽窄行种植、化控技术、水肥一体化，同时培养优秀科技农民，使他们成为采用先进科技的带头人。在科技小院师生和农技推广站的组织下，这些人形成一个大团队，带头优化免耕播种技术细节，尤其是研发出了秸秆归行机，利用该机械，可以先将地面的秸秆归拢成条带，在清理出的苗带上，可以进行播种，这样就提高了播种质量。配套该机械后，农民普遍采用了宽窄行技术，这样有利于秸秆的堆放。在土壤升温较快的风沙土质的田块上，这种"宽窄行＋秸秆归行＋免耕播种"的组合技术效果很好，于是形成第一代的"梨树模式"(图 3-3)。

图 3-3　秸秆归行机及宽窄行免耕播种种植模式(图片来自米国华)

在中国农业大学梨树科技小院的工作基础上，2011 年秋，中国农业大学在梨树县建立了"中国农业大学吉林梨树实验站"，更多的老师来到梨树县，围绕保护性耕作开展研究工作。其中任图生教授在梨树县泉眼沟村建立了占地面积 10 hm^2 的试验研究基地。这些工作极大地推动了技术的不断优化。

4. 条耕技术创新与"梨树模式"的完善

为了解决免耕播种出苗质量差这一限制玉米产量的关键问题，2013 年，中国农业大学米国华教授从美国引进了 Yetter-2984 条耕机（图 3-4），建立了秸秆覆盖条带耕作技术（简称条耕，strip-till）。该技术的建立，在很大程度上解决了出苗质量差的问题，为保护性耕作技术的发展提供了新的思路。借鉴这一技术特点与理念，为适应农户习惯的宽窄行玉米种植模式，合作社与一些机械生产厂家合作，生产了适合宽窄行种植模式的条旋机（图 3-5），从而完善了以"条耕＋宽窄行"为基本特征的"梨树模式"（图 3-6）。

图 3-4　中国农业大学从美国引进的条耕机单体
（图片来自米国华）

图 3-5　适合玉米宽窄行种植模式的国产化条旋机（图片来自米国华）

图 3-6　以"条耕＋宽窄行"为主要特征的"梨树模式"（图片来自米国华）

（二）"梨树模式"的应用效果

秸秆覆盖在地表能阻挡阳光的照射，减少土壤水分蒸发，增加了土壤入渗能力，同时也能阻止径流，可以把更多的雨水蓄留在耕层。全部秸秆覆盖地块，每年增加的土壤水分相当于增加 40～50 mm 降水，延缓旱情发生 5～7 d，在春季干旱年份具有明显的增产作用。在梨树镇高家村连续 10 年的定位试验中，平均产量比对照产量高出 5%～10%。2018 年春季，东北四省区大部分地区遭遇了严重的季节性干旱。在如此严重的春旱下，"梨树模式"的玉米生产方式平均比常规耕作增产 15%～20%。

秸秆全覆盖免耕多年后，土壤有机质含量可以增加 20%左右，化肥施用量可减少 20%左右。地表秸秆覆盖和耕作次数的减少，有利于蚯蚓生长。2013 年 6 月，在连续实施秸秆全部还田 6 年的地块测定，每平方米蚯蚓的数量有 118 条，常规耕作下只有 7 条，说明土壤质量显著提高。

（三）"梨树模式"技术应用与推广

1. 农民合作组织的重要性

梨树县拥有较多的农机农民专业合作社，合作社较好地实现了土地连片种植，经营较大面积的耕地，有进行保护性耕作的条件，同时对保护性耕作有较强的需求，因此，对“梨树模式”的接受度高，在“梨树模式”发展过程中起到重要的示范引领作用。梨树县八里庙村的卢伟农机农民专业合作社是合作社的楷模，是全国模范合作社，该合作社采取“农户带地入社、土地租赁和土地托管”3种模式，合作社经营面积达到690 hm^2，占全村耕地面积的86%。在中国农业大学、吉林农业大学等科研单位师生的技术指导下，合作社广泛应用了玉米秸秆覆盖保护性耕作技术，同时配套了其他高产高效技术，如测土配方施肥技术、增密高产技术、化肥农药减施与有机替代技术等。近两年又在农机上安装了卫星导航无人驾驶与精准作业监控系统，既实现了玉米增产节本增收，又保证了黑土地保护与可持续利用。其他合作社农民纷纷学习应用，从而大大加快了保护性耕作技术的推广应用。

2020年7月，习近平总书记考察了卢伟农机农民专业合作社，称赞卢伟走出了一条适合自己的合作社发展道路，农业科技水平、农民科技素质和农业生产效益都有了很大提高。习近平总书记提出，要保护好、利用好“耕地中的大熊猫”，这对“梨树模式”推广起到了强有力的推动作用。

2. 地方政府与农技推广站的作用

在政府的支持下，梨树县农技推广站组织科研人员和农民形成“高校-合作社-推广站”三位一体的技术攻关与示范复合体，发挥了农技推广站的重要纽带作用。2015年梨树县人民政府与中国农业大学合作发起“梨树黑土地论坛”，并每年举办，这从政府组织层面上助推了“梨树模式”的推广。梨树县农技推广总站借助中国农业大学吉林梨树实验站平台，在梨树县建立6个试验示范基地，在东北四省区设立20个示范基地，吸收东北各区域的合作社理事长成立“黑土地保护联盟”，在联盟内部及时开展技术交流、专家讲座等活动，使“梨树模式”不断向东北传播，得到越来越多农民的认可。2016年3月2日，农民日报以“非‘镰刀弯’地区玉米怎么种——‘梨树模式’值得借鉴”为题进行了整版报道。

近几年，梨树县政府总结“梨树模式”发展经验，以重点合作社为平台，建设梨树县现代农业生产单元（图3-7），以300 hm^2为一个作业单元，统一农资采购，统一机械作业，统一田间管理，统一收获储存，进一步扩大“梨树模式”应用面积，更好地进行黑土地保护，实现玉米集约化、优质化生产。

图3-7 “梨树模式”核心示范基地（图片来自米国华）

3. 科技人员的重要性

由中国农业大学、吉林农业大学和吉林农业科学院等单位师生组成的科技力量，在“梨树模式”技术创新和推广中发挥了不可代替的作用。尤其是驻扎在梨树县农村的科技小院的师生们，通过与当地农技推广部门的紧密配合，创新了玉米秸秆覆盖保护性耕作技术、测土配方施肥技术、增密高产技术、化肥农药减施与有机替代技术，形成技术规程（图3-8），并在全县推广。科技小院师生还直接与农民“亲密”接触，通过田间现场苗情诊断、田间技术观摩会、农民技术研讨会、高产竞赛颁奖总结会等手段，将技术创新与技术示范完美地结合，培养出了一大批愿意接受新技术的科技农民，如卢伟、杨青奎、杨青云、王跃武、宋国峰、郝双等。这些人后来成长为合作社的理事长，为“梨树模式”推广应用起到了至关重要的作用。比如，科研人员连续多年对卢伟的合作社进行定点跟踪与示范，在其田间示范了新型条耕机和条耕技术、化肥农药减施增效技术、密植高产籽粒机械化直收技术等，多次组织田间观摩活动（图 3-9），并且进行经验总结，帮助合作社良性发展，成为合作社中的模范。

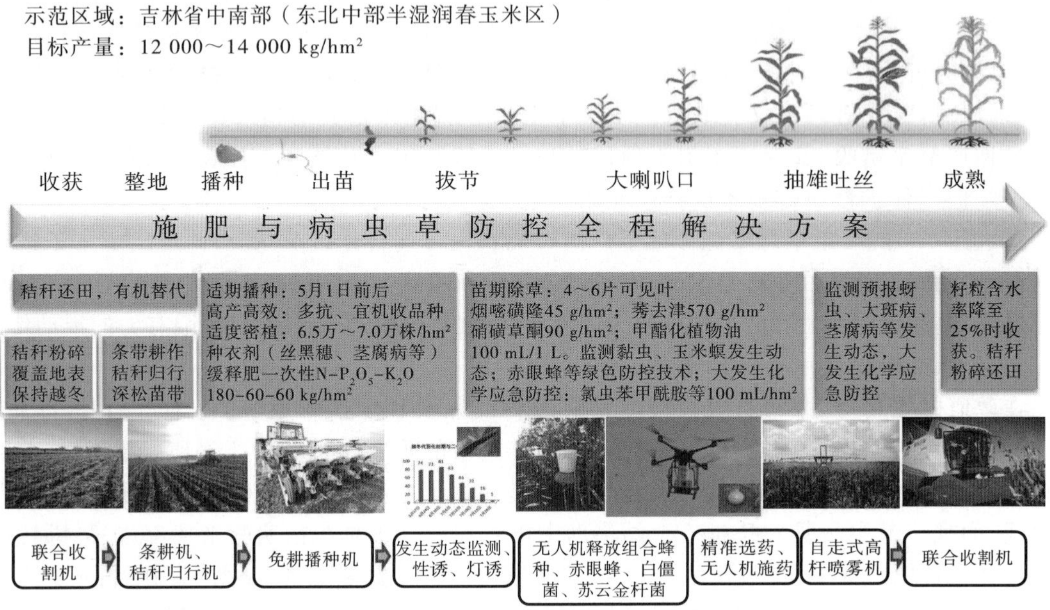

图 3-8　玉米秸秆覆盖条耕减肥减药综合技术规程（图片来自米国华）

图 3-9　中国农业大学师生在卢伟农机农民专业合作社进行条耕技术示范（图片来自米国华）

四、结语

协调土壤保护与土壤利用是农业绿色发展和作物可持续增产的基石。要实现这一目标，需要政府、科研人员、农技推广人员、农民以及企业的合力，在政策制定、政府组织、科技创新、科技服务、土地经营方式改变、农民文化与科学素质提高等方面加大力度，才能达到预期的成果。这其中，农业科学家与农民的互动在技术创新与推广中具有极大的重要性。黑土地保护与利用的“梨树模式”的创立与发展历程，为东北农业绿色发展途径提供了范例。

思考题

1. 限制东北玉米可持续增长的自然因素和社会因素有哪些？
2. 为什么保护性耕作技术推广较难？
3. “梨树模式”技术研究与推广给你带来什么启示？

参考文献

范作伟，彭畅，金荣德，等，2018. 东北地区主要土壤类型及其肥力指标与气象因子的相关性. 玉米科学，26(3)：140-146.

郝展宏，沙野，米国华，2021. 东北地区玉米秸秆覆盖技术应用现状与对策. 玉米科学，29(3)：100-110.

李保国，刘忠，黄峰，等，2021. 巩固黑土地粮仓保障国家粮食安全. 中国科学院院刊，36(10)：1184-1193.

李保国，王贵满，2019. 东北地区的保护性耕作技术：梨树模式. 北京：科学技术文献出版社.

李政宏，吕晓，杨伊涵，等，2022. 中国黑土地保护政策演进过程与特征的量化考察. 土壤通报，53(4)：1-11.

米国华，伍大利，陈延玲，等，2018. 东北玉米化肥减施增效技术途径探讨. 中国农业科学，51(14)：2758-2770.

石东峰，米国华，2018. 玉米秸秆覆盖条耕技术及其应用. 土壤与作物，7(3)：349-355.

苏效坡，曾爱军，米国华，2015. 中国和美国雨养玉米区机械化施肥技术比较分析. 玉米科学，23(6)：142-148.

吴海燕，孙甜田，范作伟，等，2014. 东北地区主要粮食作物对气候变化的响应及其产量效应. 农业资源与环境学报，31(4)：299-307.

杨铁囡，吴迪，刘文明，等，2016. 吉林省玉米秸秆资源化利用的问题与对策研究. 玉米科学，24(2)：171-174.

张福锁，米国华，王贵满，等，2012. 高产高效现代农业之路探索：中国农业大学吉林梨树基地“农户玉米高产高效竞赛纪实”. 北京：中国农业大学出版社.

附 录

附表 3-1　东北土壤退化情况

土壤物理肥力	地区	时间	变化趋势
耕层厚度/cm	吉林	1983—2002 年	从 30 至 25
耕层容重/(g/cm^3)	黑龙江	非退化与退化相比	从 20～25 至 15～18
	黑龙江	1980—2002 年	从 1.18 至 1.26
	吉林	1980—2002 年	从 1.2 至 1.31
田间持水量/%	黑龙江	非退化与退化相比	从 1.0～1.1 至 1.15～1.25
	黑龙江	开垦 20 年	从 57.7 至 51.5
	黑龙江	开垦 40 年	从 57.7 至 41.9
总孔隙度/%	黑龙江	非退化与退化相比	从 59～62 至 53～56
	黑龙江	开垦 20 年	从 68 至 66
	黑龙江	开垦 40 年	从 68 至 59
	黑龙江	非退化与退化相比	从 61 至 56

来源：王春春等，2020，南京农业大学学报。

第四章
黄土高原旱作农业区高效用水典型案例

Typical case of efficient water use in dryland on the Loess Plateau

摘要:黄土高原农垦历史悠久,土层深厚、土壤矿质养分丰富,利于耕作,是我国粮食重要产区之一。然而,该地区降水量少、无效蒸发强、土壤保水性差、季节性干旱等因素制约着农业发展。应用地膜覆盖、秸秆覆盖、化学覆盖和砂石覆盖等技术措施,以及梯田和淤地坝等工程措施能有效提高降水资源利用效率,这些措施被广泛用于该地区旱作农业生产中,对提高水资源利用效率意义重大。

Abstract: The Loess Plateau has a long history of agricultural production, with deep soil layers and rich soil mineral nutrients, which are conducive to farming. It is one of the important grain producing areas in China. However, low precipitation, strong ineffective evaporation, poor soil water retention, and seasonal drought restrict the development of farming in this area. The application of technical measures such as plastic film mulching, straw mulching, chemical mulching, and gravel mulching, as well as engineering measures such as terraces and check dams, can effectively improve the utilization efficiency of precipitation resources. These measures are widely used in dryland in this area, and are of great significance to improve the efficiency of water use.

关键词:黄土高原;节水技术;地表覆盖;梯田;淤地坝

Key words: Loess Plateau; water saving technology; soil surface covering; terrace; check dam

【适用课程】 资源利用与植物保护技术进展、养分资源综合管理

【教学目的与要求】 理解黄土高原高效用水的意义;了解高效用水主要的技术和工程措施;理解高效用水措施的优缺点及适用区域。

【案例知识点】 黄土高原地理位置、气候特征及土壤结构特征;旱作农业区高效用水途径;覆膜栽培技术的原理及其应用。

【撰写时间】 2021 年 11 月 9 日

黄土高原地区的农业发展源远流长,是中华民族农业的重要发祥地之一。早在新石器时代,黄土高原地区就已经开始了农业生产。农耕始祖后稷在这里“教民稼穑”“播种百谷”。黄土高原精耕细作、抗旱保墒、用养结合的传统旱地农业,在几千年的历史中,养育着中华民族的炎黄子孙。

一、黄土高原概况

（一）地理位置

黄土高原（Loess Plateau）是中国四大高原之一，地处我国中部偏北的黄河中上游与海河上游地区。广义上的黄土高原即黄土区，主要由山西高原、陕甘晋高原、陇中高原、鄂尔多斯高原和河套平原组成，黄土面积 63.5 万 km^2，其中原生黄土 38.1 万 km^2，次生黄土 25.4 万 km^2；狭义上的黄土高原大致北起长城，南至秦岭，西抵乌鞘岭，东到太行山，包括山西大部、陕西中北部、甘肃中东部、宁夏南部和青海东部，面积约 30 万 km^2。

（二）气候条件

黄土高原地区属于典型的大陆性季风气候区，幅员辽阔、地形复杂、气候多变。从南到北跨越暖温和中温带，由东到西包含半湿润区、半湿润偏旱区和半干旱区。高原东、南部属于暖温带半湿润区，中部属于暖温带半湿润偏旱区，西、北部属于中温带半干旱区。

黄土高原地区降水变化幅度大，表现为东多西少，年降水量在 200～600 mm。降水季节性强，即使在降水较多的地区，也易出现季节性干旱。黄土高原的水分蒸发量普遍高于实际降水量，年蒸发量为 1 400～2 000 mm，总体趋势为南低北高、东低西高，春末夏初的年蒸发量通常最高而冬季的最小。黄土高原的年均温度为 3.6～14.3 ℃，总体温度呈南高北低、东高西低趋势。

（三）土壤理化性质

黄土高原土壤以石英类、长石类和碳酸盐矿物为主，占比分别为 50%、20%和 10%。化学成分中以二氧化硅为主，占总量的 50%，三氧化二铝占 8%～15%，氧化钙占 10%左右。此外，还含有三氧化二铁、氧化镁、氧化钾、氧化钠等多种矿物质，易溶性化学成分含量较高。

土壤物理结构为“点、棱接触支架式多孔结构”，土体疏松，垂直节理发育，极易渗水。黄土中的细粒物质如黏土、易溶性盐类、石膏、碳酸盐等在干燥时固结成聚积体，使黄土具有较大的强度，而遇水后随矿物溶解，土体会迅速分散、崩解，抗侵蚀能力弱。土壤孔隙度可达 45%～50%，大孔隙特别突出，受水浸润后在自重和上部压力作用下易发生塌陷。同时，大孔隙也是土体中水体和细粒物质迁移的通道，使黄土易发生潜蚀。

二、旱作农业区高效用水途径

黄土高原地区人均水资源为 841 m^3，仅为全国人均水平的 36%，不足世界人均水平的 10%。黄土高原特殊的气候特征导致年降水量少且分布不均，降雨主要集中在夏季汛期，作物迫切需要水分的季节往往降雨较少，造成黄土高原旱作区易遭受旱灾或暴雨的破坏。该区域汛期的径流量占全年的 80%，河流丰枯变化大且泥沙含量高，同时地表沟壑纵横、支离破碎导致引水困难，不宜于灌溉，致使地表水资源利用率低。因此，水资源不足是制约黄土高原旱作农业区农业发展的主要自然因素。

针对水资源缺乏这一制约旱作农业区发展的最大自然因素，人们在生产实践中探索和总结了许多高效用水途径，总体上可分为集水、蓄水、保水、用水四大类。

(一)集水

集水是指通过调整径流面积与承受径流面积的比例，使承受径流的地区产生任一要求的渗水量。常见的集水措施是集中种植区周围的径流水，导入种植区直接供给作物吸收或储存于水窖中留作灌溉之用。

目前世界各地采用的集水方式有两类：一类是以土壤为水库，就地集水，方法是把一个田块内的雨水汇集到这一田块的一部分区域内供给作物，或把一个田块的雨水汇集到另一田块里，采取有效的措施，使其尽量保留在土壤内，供给当季或下季作物生长发育，而获得高产稳产；另一类是采用库、塘集水，把一定范围内，特别是一个流域内的降水收集到水库或水塘中，在作物生长关键时期进行补灌。

(二)蓄水

降水的利用方式分为“蓄”和“流”。“蓄”指土壤蓄水，“流”指产生径流，提高土壤入渗速率和减少地表径流是土壤蓄水的关键。要增加降水入渗量，就要提高土壤的入渗速率，使水分入渗速率大于或等于降水速率，避免形成径流，将水分蓄于土壤中，在提高蓄水的同时也减少水土流失。提高入渗速率的根本途径是改良土壤结构，比如通过添加有机物料(施用有机肥、秸秆还田)和应用化学改良剂(石膏)等措施。此外，可以通过修建梯田和应用耕作、栽培等措施改变地面结构，形成积水区或阻水区，使雨水“积而不流”，减少径流发生。

(三)保水

在旱作农业中，蓄水与保水措施往往联系密切。旱作地区植被稀少、空气干燥，土壤水分蒸发量大，蒸发量大于降水量是旱地基本特色。在蓄水措施完备后，应重视并做好保水工作，以防止土壤水分大量散失到大气中而不能有效供给作物。地表覆盖是最有效并被广泛应用的保水措施，指利用秸秆、残茬等植物性物质或其他非植物性物质覆盖在土壤表面上的一种栽培制度。覆盖可减少雨滴对地面的打击和对土壤结构的破坏，防止土粒分散后对表层透水空隙的密封，从而增加土壤水分的入渗和土壤的蓄水量。覆盖也可降低土-气界面的水分交换，减少土壤水分向空气逸散，从而增强土壤的保水能力。覆盖还能防止大雨冲刷、保持水土，防止水分和养分的流失。采用一些特殊材料(如塑料薄膜)覆盖还可提高地温，对早春低温或热量不足的地区，能一定程度地补偿热、水资源的不足。覆盖的这些良好作用为旱地创造了适于作物生长发育的生态环境，增产效果明显。

(四)用水

对旱作农业而言，水资源尤为重要，高效利用有限的水资源是旱作农业稳产高产的关键。作物品种、养分投入、灌溉方式对水资源的高效利用影响很大。不同品种生理和形态特性不同，选择优良的抗旱品种可有效提高水分利用效率。在一定阈值范围内，作物产量与肥料水平呈正相关，合理施肥可提高作物产量、提高水分利用效率。即使在黄土高原具有灌溉条件的地区，水资源也较为有限，应用滴灌、喷灌等节水灌溉方式取代大水漫灌，并根据作物生长时期特点适时灌溉，可明显提高水分利用效率。

三、高效用水技术在黄土高原旱作区的实践

在长期的农业生产实践中，黄土高原旱作农业区发展和创新了覆膜栽培技术、覆砂栽培技术、梯田、淤地坝、水窖等诸多农学和工程措施以提高水资源利用效率。下面将阐述黄土高原旱作区典型高效用水技术在生产实践中的应用。

（一）覆膜栽培技术应用效果及其未来发展方向

覆膜栽培技术是利用工业生产的塑料薄膜覆盖于地表的一种农艺措施。地膜的透水、透气性差，覆盖后在地表形成一个物理阻隔层，切断了土壤蒸发面与大气间的水气交换渠道，限制了膜下土壤水分蒸发，降低了土壤水分蒸发量，从而增加了土壤贮水量。此外，地膜的透光性好，太阳辐射能穿过地膜加热膜下的土壤和空气，有利于升温。覆膜栽培技术可提高土壤温度，能改变农作物生长的小环境，扩大农作物的种植区域。

1. 覆膜栽培技术的增产增收效果

覆膜栽培技术引入我国之后发展迅速，相继在经济作物和粮食作物上推广应用(图 4-1)。覆膜栽培能够增产，主要是因为其集雨保墒效果明显。相比露地栽培，覆盖地膜后土壤贮水量增加 30%、蒸散量降低 50%、水分亏缺减少 15%以上，这意味着更多土壤水分用于蒸腾性生产。覆膜在增加土壤贮水量的同时，可促进深层土壤水分向表层富集，保证耕层土壤含水量较高。此外，地膜覆盖能有效提高土壤温度，有利于土壤微生物活动，加速有机质矿化分解，使土壤速效养分含量增加。总的来说，地膜覆盖使旱地农田的水、肥、气、热状况得到明显改善，大幅度提高了作物产量，因而在黄土高原旱作农业区受到广泛应用。

图 4-1　覆膜栽培技术在作物生产上的应用

来自陕西渭北旱塬连续 6 年的定位试验结果显示，应用周年覆膜栽培技术使冬小麦产量平均提高 11%、经济收入增加 12%，收获期土壤硝酸盐残留量减少 51%、温室气体排放量减少 12%，实现了增产、增收、减排。同样，在甘肃宁县、崇信、通渭、会宁和榆中 5 个点的试验结果显示，应用生育期覆膜栽培技术使春玉米产量提高 30%～107%。

2.覆膜栽培技术带来一定的环境风险

覆膜栽培技术虽然能提高作物产量、增加经济效益，但伴随地膜覆盖技术连续多年应用，加之地膜回收率低且不易分解等特性，覆膜栽培技术在带来“白色革命”的同时，也造成了“白色污染”。

我国粮食作物生产的年均地膜残留量为 8.4 kg/hm^2，占地膜用量的 11%。覆膜栽培技术使用年限越长，地膜残留问题越严重(图 4-2)。例如，新疆大多数的棉花田使用覆膜栽培技术达 20 年以上，地膜残留量非常高，可达 259 kg/hm^2。地膜具有不易分解、不透气、不透水的特性，残留在农田的地膜对土壤物理性质和生物学性状有较大的影响。具体表现为破坏了土壤结构，形成了阻隔层，不仅阻碍了土壤水分向上和向下的移动，而且阻碍了土壤空气的循环与交换，导致土壤中 CO_2 浓度过高，从而限制了土壤微生物活动。此外，残留的地膜对农作物出苗、根系生长、幼苗成活、作物生长发育和产量具有负面作用，其降解后产生的邻苯二甲酸酯更是会危害人体健康。鉴于地膜覆盖技术带来的诸多问题，应认真思考未来覆膜栽培技术在旱作农业生产上的应用。

图 4-2　作物收获后残留在农田的地膜

3.覆膜栽培技术未来的发展方向

过去 30 年，覆膜栽培技术为保障国家粮食安全和增加经济收入做出了重要贡献，但它引起的一系列环境问题，迫使我们应慎重考虑它未来的发展方向。总的来说，覆膜栽培技术将来有三个主要去向。一是在土壤水分不足和气温较低地区继续应用覆膜栽培技术，但必须制定相关法律法规、提高残膜回收率、改进现有地膜材料，包括增加地膜的厚度和强度、使用可生物降解塑料等新材料。例如，研究发现应用可生物降解塑料薄膜作为材料覆盖地表也可改善土壤环境、增加作物产量。目前，用于生产可生物降解塑料薄膜的原材料多为淀粉聚合物、聚乳酸等，它们在耕作后会自动降解、无须回收。然而，对于谷类作物生产，它们的价格过于昂贵。随着工业化发展、产业效率提高，可生物降解塑料薄膜的价格会降低，这将为它广泛应用在作物生产上提供了机会。二是应用覆膜栽培技术的替代技术。例如，与覆膜栽培技术相比，全年秸秆覆盖与耐旱品种结合使小麦产量增加了 5%。这是一个令人兴奋的发现，因为它为替换覆膜栽培技术提供了新的选择。然而，该技术使用的秸秆覆盖量约为田间生产的两倍，限制了它的广泛应用。创新和发展更多轻简化、易操作的覆膜栽培替代技术将是未来旱地农业重要的发展方向。三是为了保护生态环境，在水热条件相对充裕区域，应考虑放弃使用覆膜栽培技术。对于旱地农业生产，覆膜栽培技术过去 30 年在提高作物产能、增加经济收入方面发挥了重要作用，从生产习惯和情感来看，放弃覆膜栽培技术是困难的。重要的是，目前仍缺乏覆膜栽培技术对国家粮食安全和区域农户经济收入的综合评估。

如果仅就经济效益而言，结合西北区域特殊的光热等自然资源禀赋，发展高附加值的特色农产品是增加经济收入的关键选择。例如，未使用覆膜栽培枣园的收入大约是使用覆膜栽培技术生产玉米的 4 倍。在这里，我们强调即使放弃覆膜栽培技术，也应根据区域降水和气温的差异逐步进行。此外，应注意这三个覆膜栽培技术的发展方向可能同时发生，选择合适的方式对特定区域和作物生产的综合效益可能更好。

(二)覆砂技术助力宁夏中卫发展西瓜产业

宁夏回族自治区中卫市平均海拔 1 225 m，全市包含黄河冲积平原、台地、沙漠、山地与丘陵五大地形单元。其中，西北部腾格里沙漠边缘地带面积 12 万 hm^2，占全市土地总面积的 7%；中部黄河冲积平原面积 10 万 hm^2，占全市土地总面积的 5.9%；位于山区与黄河南岸之间的台地面积 6 万 hm^2，占全市土地面积的 3.5%；南部陇中山地与黄土丘陵面积 142.45 万 hm^2，占全市土地面积的 83.6%。

中卫市属典型的温带大陆性季风气候，日照充足，年均日照时数 2 800～3 000 h，年均气温在 7.3～9.5 ℃，≥10 ℃的有效积温 2 500～3 200 ℃，昼夜温差大，年均相对湿度57%，无霜期 158～169 d，年均降水量 180～367 mm，年均蒸发量达 2 300 mm 以上。该地区常年干旱，植被覆盖度低、草地稀薄，水土流失严重。

为了克服中卫地区降水量少、蒸发量大、水资源供给不足和水土流失严重等问题，覆砂栽培技术被广泛用于西瓜种植(图 4-3)。中卫地区昼夜温差大，光热资源丰富的气候特征对瓜类糖分积累、果实着色、风味增强、品质提高十分有利，配合蓄水保墒效果强的覆砂栽培技术，使得该地区所产的西瓜品质上乘。同时，砂石经逐年风化，有效成分又经冲刷进入土壤，为西瓜提供硒、钙、钾、锌等微量元素。此外，覆砂西瓜的上市时间具有很大的季节消费优势，7—8 月，覆砂西瓜陆续成熟上市，这一时期正值全国的高温期，人们需要大量的瓜果消暑解渴，为覆砂西瓜创造了市场机遇。

图 4-3　覆砂西瓜

覆砂栽培虽具备较强的蓄水保墒能力，但由于该地区降雨严重不足，为保证产量，需消耗大量水资源进行灌溉。在1个西瓜生长季，通常需补灌3次水，每亩每次耗水60 m^3 左右。为满足灌溉用水需求，往往采用人工机井抽取地下水进行灌溉，会对地下水的安全水位造成威胁。

在覆砂西瓜生产过程中，砂石层在耕作翻动作用下与土层混合，会极大地降低覆砂效果，要保证覆砂效果，必须定期覆压新砂。随着覆砂西瓜产业的快速发展，砂石需求量越来越大，在河道、山脚随意开采砂石，引起山体崩塌、滑坡事件常有发生。因此，在利用覆砂栽培技术的同时，应结合喷灌、滴灌等节水灌溉措施以提高水资源利用效率，应减少翻动以提高覆砂层的利用时效，应规范取砂以降低对环境的破坏。

（三）梯田措施推动甘肃庄浪粮食自给自足

庄浪县位于甘肃中部、六盘山西麓，属黄土高原丘陵沟壑区，境内群山起伏，地势东高西低，基岩山地和丘陵沟壑占总面积的93.5%，境内海拔高度为1 405～2 857 m。庄浪县属东亚季风活动区边缘地带，年均日照时数2 075 h，日照充足；年均温度8.5 ℃，冬寒夏热，昼夜温差大；年均降水量489 mm，降水高峰出现在7—9月，占全年降水量的60%，雨季易下暴雨从而引发山洪；年蒸发量达1 310 mm，易发旱灾。

全县耕地114万亩，其中103万亩为坡地。梯田是在坡地上分段沿等高线建造的阶梯式农田（图4-4），是治理坡耕地水土流失的有效措施，蓄水、保土、增产作用十分明显，能有效解决庄浪县易旱、水土流失严重的问题。从1964年到1998年，历时34年的梯田建设，庄浪付出了两代人的心血，累计移动土方2.76亿 m^3，如果堆成1 m见方的长堤，可绕地球六圈半。截至2005年底，全县水平梯田累计达到98.6万亩，占耕地总面积的95.3%，昔日的三跑田（跑土、跑肥、跑水）变成三保田（保土、保肥、保水），实现水不出田，土不下山，大灾不减产，小灾保丰收。

图4-4　梯田

（四）淤地坝减少水土流失、谱写陕北生态保护新篇章

陕北是中国黄土高原的中心部分，包括陕西省的榆林市和延安市，位于陕西北部，故称陕北。该地区地势西北高、东南低，总面积9万多 km^2，是在中生代基岩所构成的古地形基础上，覆盖新

生代红土和深厚的黄土层，再经流水切割和土壤侵蚀而形成。陕北属于暖温带半湿润易旱区，年均温度 10 ℃，年均日照时数 2 418～2 914 h，光照资源丰富；年均降水量 400～600 mm，降水集中在夏季，多发暴雨，易造成水土流失；年均蒸发量 850 mm 左右，非雨季易发生旱害。

针对陕北的地理、气候特征，兴建缓洪拦泥的淤地坝工程，用以拦蓄径流泥沙、控制沟蚀，可以充分利用水沙资源。淤地坝是指在水土流失地区各级沟道中，以拦泥淤地为目的而修建的坝工建筑物(图 4-5)。一条沟内修建多个淤地坝是黄土高原水土流失严重地区重要而独特的治沟工程体系。

图 4-5　淤地坝

淤地坝经历了由小型到大型、从蓄水拦泥到淤地生产、从单坝建设到坝系建设的过程，大体分为 4 个阶段：20 世纪 50 年代的试验示范阶段、60 年代的推广普及阶段、70 年代的发展建设阶段，以及 80 年代以来以治沟骨干工程为骨架、完善提高坝系建设的规范化建设阶段。陕西省目前共有淤地坝 3.38 万座，占全国淤地坝数量的一半以上；其中骨干坝 0.26 万座、中型坝 0.92 万座、小型坝 2.20 万座；95%以上分布在榆林和延安两市。淤地坝在滞洪减沙、拦泥淤地、灌溉增产等方面效益显著。据测算，全省淤地坝共拦泥 59 亿 t，淤成坝地 90 多万亩，促进退耕还林还草 300 万亩，保护耕地 60 万亩，年灌溉面积 6 万亩，增产粮食 4 亿 kg，带动养殖效益 380 万元，生态、社会和经济效益明显，深受群众欢迎，被称为丰产增收的"聚宝盆"。只要有淤地坝的地方，必定是一片绿意盈盈的良田美景。

然而，随着使用年限的增加，淤地坝问题日益严重。陕北地区 3 万多座淤地坝绝大多数是 20 世纪六七十年代所建，加之部分坝权不明，存在"有人种、无人管"现象，许多工程年久失修、设施老化，存在不同程度的病险问题。另外，经过多年的淤积，相当一部分淤地坝已淤满或基本淤满，丧失了继续拦泥和滞洪的能力。陕北地区小型淤地坝占全省淤地坝总数的 2/3，多为群众自发修建，标准低、质量差，存在安全隐患。目前全省治沟骨干工程仅 300 多座，平均 200 km^2 1 座骨干坝，难以真正形成坝系，特别是许多小流域沟道缺少具有"上拦下保"作用的骨干工程，整体防洪能力较差。在加固病坝险坝的同时，应以中小流域为单元、优化坝系布局，扭转小流域有坝无系局面；提高小流域坝系的布坝密度，不断完善坝系建设技术标准体系；研究制订长效管理机制，分级落实行政管理责任；逐步建立淤地坝可视化信息管理系统，实施精细化动态管理，为管理淤地坝提供科学依据。

(五)水窖工程缓解甘肃定西水资源紧缺状况

定西市位于我国西北干旱地区,受秦岭、祁连褶皱、六盘山支脉及黄土高原等影响,地貌比较复杂,丘陵起伏,沟壑纵横,南北气候差异大。定西中北部干旱少雨,南部高寒阴湿,属温带半湿润半干旱区,大陆性季风气候明显。光能较丰富,热量资源不足,雨热同季,降水稀少且变率大,气候干燥,气象灾害频繁。年均气温 5.7~7.7 ℃,无霜期 122~160 d;年降水量 350~600 mm,主要集中在 7、8、9 三个月,多以暴雨形式出现;年蒸发量高达 1 400 mm 以上,易发旱灾。定西市水资源贫乏,人均年占有量仅为 600 多 m^3,每亩耕地水资源年占有量仅有 140 m^3。北部地区不仅严重缺水,且泥沙量含量高、水质差,对人民生活和农业生产造成严重影响。

为了解决水资源缺乏问题,用当地特有的红黏土作防渗材料,建造地下水窖,可有效收集并储存雨水(图 4-6)。水窖可充分收集夏季雨期的雨水,待缺水干旱季节加以利用。水窖分为生活用水窖和农业灌溉水窖两种。用于生活和庭院经济的水窖,多建在房屋和场院附近;用于农田和温室大棚灌溉的水窖,多建于田边和地头。

图 4-6 集雨水窖

水窖管护是影响使用寿命的关键,下雨前要及时清理进窖水路,下雨时要及时引水入窖,水满后要立即封闭进水口,以防止蓄水位超过窖体防渗层而使窖体坍塌。天旱时,窖水不能用完,以保持窖内湿润,防止窖壁干裂使防渗层脱落。目前,随着"121"集雨节灌工程的实施,坚固耐用的混凝土水窖逐渐替代了泥筑水窖,凝聚着先人们智慧结晶的泥筑水窖将作为文化遗产,永载史册。

思考题

1. 黄土高原旱作农业区农业生产的制约因素有哪些?
2. 请根据案例内容,查阅资料,阐述不同高效用水方式的原理及其适用区域。
3. 查阅资料,制订黄土高原旱作农业区的综合高效用水措施并分析其可行性。

参考文献

李生秀,2004.中国旱地农业.北京:中国农业出版社.

马耀光,张保军,罗志成,2005.旱地农业节水技术.北京:化学工业出版社.

严昌荣,刘恩科,舒帆,等,2014.我国地膜覆盖和残留污染特点与防控技术.农业资源与环境学报,31:95-102.

He G, Wang Z H, Cao H B, et al., 2018. Year-round plastic film mulch to increase wheat yield and economic returns while reducing environmental risk in dryland of the Loess Plateau. Field Crops Research, 225:1-8.

He G, Wang Z H, Li S X, et al., 2018. Plastic mulch: Tradeoffs between productivity and greenhouse gas emissions. Journal of Cleaner Production, 172:1311-1318.

Wang Y P, Li X G, Zhu J, et al., 2016. Multi-site assessment of the effects of plastic-film mulch on dryland maize productivity in semiarid areas in China. Agricultural and Forest Meteorology, 220:160-169.

附　录

【材料一】 旱地农田降水去向

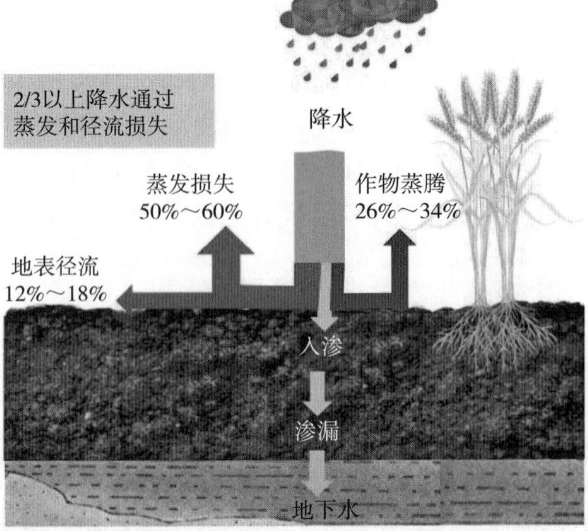

附图 4-1　旱地农田降水去向

【材料二】 旱作农业区高效用水增效技术途径与主要措施

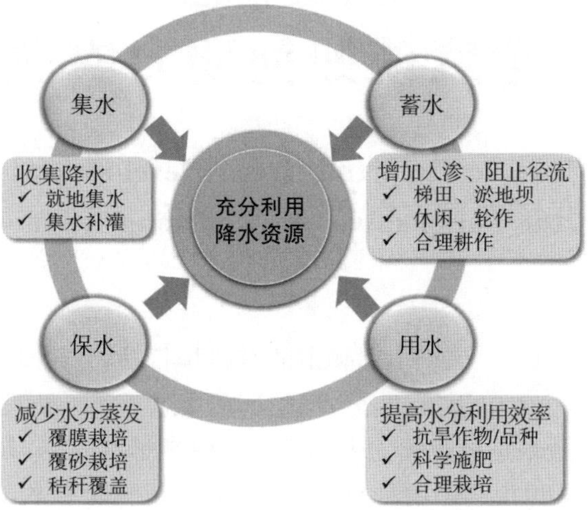

附图 4-2 旱作农业区高效用水增效技术途径与主要措施

【材料三】 黄土高原高效用水技术措施及其优缺点

黄土高原高效用水技术措施及其优缺点具体如下。

(1)黄土高原干旱缺水、土壤肥力低,为什么还要在这里进行农业生产?

答:我国人口众多,人均耕地面积仅为 1.4 亩,其中 50%以上的耕地均为旱地。黄土高原旱作农业区是我国主要农业种植区之一,发展旱地农业对增加粮食产量、提高人民生活水平、促进黄土高原地区经济发展有重要意义。

(2)培肥土壤与黄土高原旱作节水有什么关系?

答:土壤有机碳对土壤物理学、化学、热力学特征及土壤微生物活性有很大影响。增加有机碳能改善土壤团聚体结构,提高土壤结构稳定性、抗蚀性,改善土壤保水、保肥能力,降低水分损失,是黄土高原旱作节水行动的一项重要举措。

(3)干旱地区应用覆膜栽培技术对作物生长有哪些有利影响?

答:地膜透气性低,能降低土壤水分挥发损失,使作物获得更多的水分。地膜透光性强,对土壤吸收太阳辐射影响小,同时能减缓土壤热量散失,提高地温,利于作物生长。

(4)目前覆膜栽培技术存在哪些弊端?

答:地膜回收率低、不易分解。长期覆盖地膜会造成土壤有机碳含量降低,增加温室气体排放。过多的地膜残留在土壤中还会限制土壤水分运移和作物生产。

第五章

从"减氨"角度谈如何助力农业绿色发展

Talking About How to Help the Green Development of Agriculture from the Perspective of "Reducing Ammonia"

摘要:本案例介绍了2019—2020年邯郸市的氨减排行动,系统介绍了针对华北地区小麦-玉米轮作体系下的氨减排技术应用模式,分别对产量、氨挥发量、田间氨浓度以及大气氨浓度和$PM_{2.5}$水平等田间示范效果进行综合分析,探明一种科学有效的减排模式。通过本案例教学,学生可理解华北地区氨污染问题的严重性,学习如何建立工作模式以及方法,提升环境保护意识。

Abstract: This case introduces the process of ammonia (NH_3) reduction action in Handan city in 2019-2020. The application model of NH_3 emission reduction technology under wheat-maize rotation system in North China was systematically introduced, and a scientific and effective emission reduction model was proved by comprehensive analysis of the field demonstration affects such as yield, NH_3 volatilization, NH_3 concentration, atmospheric NH_3 concentration and $PM_{2.5}$ level. Through the teaching of this case, students can understand the seriousness of NH_3 pollution in North China, learn how to establish working mode and methods, and improve the awareness of environmental protection.

关键词:氨;农业减排措施;华北平原

Key words: ammonia; agricultural emission reduction measures; North China Plain

【适用课程】 养分资源综合管理、肥料资源与养分综合管理

【教学目的与要求】 了解我国氨污染问题的严重性;了解邯郸市的种植结构;掌握氨减排模式的构成及田间试验效果。

【案例知识点】 我国氨污染现状及相关政策法规;绿色生产模式下我国可适用的氨减排应用方法。

【撰写时间】 2021年12月20日

一、"减氨"迫在眉睫

农业绿色发展,农业是主体,发展是核心,绿色是方式也是目标。20世纪90年代初,我国就开始推进绿色农业建设。随后,我国相继出台了扶持农业绿色发展的政策、专门组织,在全

国范围内推动农业绿色建设。党的十八大以来，党中央、国务院立足新发展理念，作出一系列重大决策部署，生态文明建设被纳入中国特色社会主义建设"五位一体"总体布局。2017 年 9 月，中共中央办公厅、国务院办公厅印发《关于创新体制机制推进农业绿色发展的意见》，提出把农业绿色发展摆在生态文明建设全局的突出位置予以推动，农业农村部启动实施农业绿色发展五大行动，我国农业绿色发展进入快车道。我国农业发展虽取得了巨大成就，但仍满足不了绿色发展的新需求。当前农业存在农业资源趋紧、环境问题突出、生态系统退化等重大瓶颈问题。

氨污染就是所面对的问题之一。氨挥发是氨自土壤表面（旱田）或田面水表面（水田）逸散至大气的过程，是土壤-植物系统中氮素损失的重要途径之一，也是大气中氨浓度不断增加的重要来源。氨作为碱性气体进入大气后与其他活性物质发生一系列生物化学反应，对生态系统功能有很多负面影响。例如，挥发的氨会通过大气干、湿沉降回到陆地和水体，过量的氮沉降会造成水体富营养化，同时陆地生态系统大气氮沉降的增加会改变植物群落中物种间的竞争格局，导致喜氮植物的数量增加，限制了其他物种的生长和发展，从而降低了系统的物种多样性。此外，大气氨与大气中的酸性化合物（如 H_2SO_4、HNO_3）反应所形成的铵盐是二次无机气溶胶的主要形成方式。在对硫酸盐气溶胶的形成机制的研究中发现，NO_2 对大气中 SO_2 的水解氧化是硫酸盐气溶胶形成的主要过程，但这个过程仅发生在细颗粒物和相对较高的湿度以及氨气（NH_3）的中和作用下。二次气溶胶是大气颗粒物的主要成分，其与雾霾天气的发生和空气质量息息相关。二次气溶胶成分复杂，携带有重金属、致病菌等，对人体呼吸系统、心血管系统、免疫系统等具有较大危害，甚至有强烈的致癌性。

据模型预测，2100 年全球氨排放将达到 93 Tg N/a，相比 2008 年增加了 43%。农业生产过程中产生的氨挥发是大气氨的主要来源，1961—2010 年间，全球农田施用化肥引起的氨排放由 1.9 Tg N/a 增至 16.7 Tg N/a。2012 年，我国氨排放总量达 9.7 Tg，农业畜牧养殖和肥料施用分别占据了 51.9%和 29.1%。我国由施肥引起的氨挥发主要集中在华北平原、松辽平原、淮河流域、长江中下游平原、珠江三角洲、四川盆地、塔里木盆地和雷州半岛。有研究指出，我国华北平原和太湖地区农业发达、施肥量大，其中山东、江苏、河南和河北农田氨挥发分别占全国的 8.85%、8.55%、8.03%和 7.61%。

二、华北平原种植业结构和氨排放状况——以邯郸市为例

华北平原是我国最为典型的集约化粮食生产基地，是全国农田氮肥用量最高的地区之一，也是全球人为源氨排放与沉降和大气氨污染的热点地区。邯郸地处华北平原中心地带，不仅是中原经济区的中心，也是华北地区重要的交通枢纽。2019 年邯郸市 $PM_{2.5}$ 平均浓度高达 52 $\mu g/m^3$，在全国 168 座城市的大气污染程度数据中，邯郸市位居十大城市之列，空气污染程度位列前五。大气颗粒物是近年来邯郸市大气污染的首要污染物。

（一）种植业生产现状

邯郸市耕地面积为 66.4 万 hm^2，种植业以粮食作物种植为主，其次为蔬菜类。全市农作物总播种面积为 106 万 hm^2，粮食作物播种面积为 78.2 万 hm^2，占 74%；蔬菜类播种面积为 15.3 万 hm^2，占 14%。另外，邯郸全市共有果园 4.4 万 hm^2，以苹果园、梨园、桃园和葡萄园为主。

(二)种植业氮肥施用与氨排放现状

化肥氮投入是种植业氨排放的最重要来源。根据作物总播种面积核算,邯郸市全年施用化学氮肥(折纯)约 25 万 t,粮食作物和蔬菜类的氮投入为邯郸市化肥氮投入的主要来源(图 5-1)。根据农户调研数据,邯郸市主要农作物施氮量(化肥氮,下同)如下:冬小麦施氮量为 290 kg/hm^2,夏玉米施氮量为 251 kg/hm^2,蔬菜施氮量为 700~1 400 kg/(hm^2 · a),果树施氮量在 600~1 200 kg/(hm^2 · a)。除化肥氮外,蔬菜和果树施用有机肥折合纯氮 200~700 kg/(hm^2 · a)。当前阶段邯郸市主要作物氮肥投入总体过量,70%~80%的农户存在过量施肥现象。在化肥投入结构方面,邯郸市配方肥和作物专用肥的市场占有率仅有 30%左右,多以高氮配方为主,且配方与作物需求匹配度仅为 25%~30%。不合理的氮肥管理会造成严重的氨排放,目前邯郸市种植业氮肥施用量过高、施肥方式不合理、氮肥撒施严重、前期施氮过多和后期施氮不足、综合管理措施应用不到位等问题突出。据估算,化肥氮投入导致的氨排放约占化肥氮用量的 10%,邯郸市全年种植业由化肥引起的氨排放量约为 2.5 万 t,其中粮食作物每年氨排放量为 1.4 万 t,蔬菜氨排放量约为 7 300 t,果树氨排放量 2 700 t。邯郸市曲周县、成安县、临漳县、大名县、永年区的种植业全年氨排放量较高。

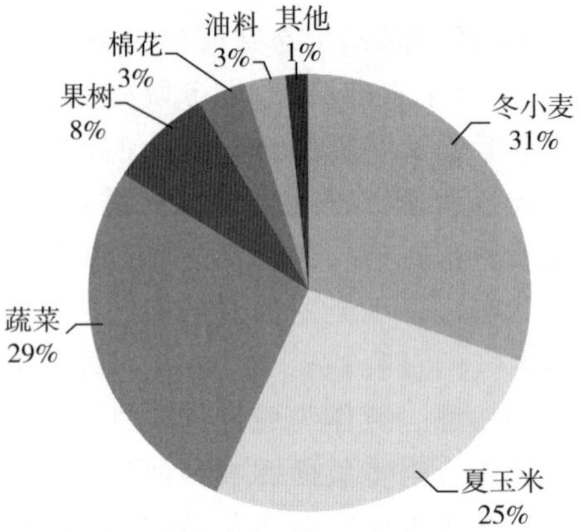

图 5-1 邯郸市不同作物化肥氮施用量占比

三、"减氨"的国家行动

氨排放的管控和治理不仅关乎氮素资源的高效利用和农业面源污染的控制,还与空气质量改善密切相关。研究表明,在我国农业发达区域华北平原,减少 50%的大气氨浓度可显著降低 $PM_{2.5}$ 质量浓度,同时随着氨减排对空气质量的改善,还可显著降低空气污染导致的人口死亡率。从国外的氨减排经验来看,1999 年欧洲和北美签订的《哥德堡协议》是最早的针对氨排放控制的国际条约,规定到 2010 年公约签署国的氨排放量较 1990 年削减约 20%。英国环境局 2018 年发布的"干洁空气策略"提出了氨减排的目标:以 2005 年为基准,到 2020 年氨排放下降 8%,到 2030 年下降 16%。

2018 年国务院发布的《打赢蓝天保卫战三年行动计划》中,我国提出了氨减排的行动计划。在二十一条"加强秸秆综合利用和氨排放控制"中强调"控制农业源氨排放。减少化肥农药使用量,增加有机肥使用量,实现化肥农药使用量负增长。提高化肥利用率,到 2020 年,京津冀及周边地区、长三角地区达到 40%以上。强化畜禽粪污资源化利用,改善养殖场通风环境,提高畜禽粪污综合利用率,减少氨挥发排放。"2022 年《河北省生态环境保护"十四五"规划》中明确指出,探索推动河北省大气氨排放控制,开展重点区域大气氨监测试点,探索建立大气氨规范化排放清单,推进种植业、养殖业大气氨减排等方面工作。但是如何推进政策制度在县域尺度的应用又成了一个难题。

四、"减氨"政策如何应用于县域尺度——河北曲周

曲周县位于邯郸市东北部，农业生产面积广大，种植作物主要以小麦、玉米、棉花和瓜果蔬菜为主，畜牧业主要以肉猪、蛋鸡为主，是传统农业大县，兼具明显的小农经济特色，在我国粮食主产区华北平原具有一定的代表性。此外，中国农业大学与曲周县有近50年的合作历史，成为县校合作的全国典范。因此，我们选择曲周县作为政策模式应用探索的根据地，在曲周县曲周镇、第四疃镇、里岳乡、白寨镇4个乡镇、13个村、2个合作社，共计16 000亩进行氨排放示范。要有效解决农业绿色发展过程中存在的问题，应该从以下角度出发：首先，政府方面要完善标准、政策与监管机制等多方位投入；其次，企业方面要强化科技研发，履行社会责任；最后，社会方面要积极参与绿色农业建设、监督活动。

(一)勇于挑起重任的新青年——科技小院师生

中国农业大学现代农业科技小院网络由中国农业大学资源与环境学院主办成立。第一所科技小院成立于2009年，位于河北省曲周县，是以研究生与科技人员驻地研究，"零距离、零时差、零门槛和零费用"服务农户及生产组织。科技小院是建立在生产一线(农村、企业)的集农业科技创新、示范推广和人才培养于一体的科技服务平台。不同于以往的单因素控制试验，我们希望得到的是一个真正可应用于田间，在减少环境污染的同时也能为当地农户创收的工作模式。方案的确定不是简简单单的工作，而是通过不同学科的专家教授们的多次研究与讨论，并结合当地调研数据，以及测土配方试验数据进行分析，最终确定一套适用于当地的"减氨"方案，包括肥料深施、肥料减量、使用含脲酶抑制剂的新型肥料等。此外，还包括优化田间管理制度，例如何时浇水、何时打药、何时播种收获。方案虽然敲定，但是仅仅依靠我们自身的力量去实施是远远不够的。

(二)执政为民的卫士——政府部门

新阶段全面深化县校合作关系，要聚焦曲周乡村绿色振兴、农业科技现代化先行县创建等全局性、统领性工作，抽调县校精兵强将，坚持目标导向，明确重点，强力推进。加快曲周农业结构调整，推进曲周农村产业融合和农业农村现代化建设。政府部门可以通过出台相关政策文件来扩大宣传范围，并且政府部门的介入可以有效提高科学家与农户沟通的效率，使氨减排工作更加顺利进行。邯郸市政府提供一定的财政支持，曲周县政府相关人员协调农户参与试验，对新型肥料的使用进行宣传，并在后期与科技小院的师生一同对田间施用效果进行跟踪调查。同时，参与举办多次观摩会，通过观摩试验效果，与众位参与者交流研讨如何进一步推进"减氨"工作。自2021年以来，曲周县以建设国家级绿色先行区为契机，坚持节本增效、提质降耗、资源节约、环境友好的原则，以推广新型含脲酶抑制剂肥料为重点，在转变施肥方式、提高化肥适应效率、促进农业氨减排等方面取得显著成效。

(三)敢于创新的后备军——肥料企业

如何拿到适合的肥料也成了一个难题，既要保证科学的配方，又要拥有可持续的供应条件，同时价格不能太高。这时，我们看到了肥料界的龙头企业——河南心连心化学工业集团股

份有限公司。该公司2009年上市，专注化肥50余年，目前已发展为拥有河南新乡、新疆玛纳斯、江西九江三大生产基地的集团公司，自有两座煤矿和一条铁路专用线，是国内单体规模最大的尿素生产企业。河南心连心化学工业集团一直坚持“以肥为主、肥化并举”的战略发展方向，不断进行技术创新，研发推广更高效更环保的新型肥料，努力让广大农民用最少的投入获得最大的产出，为中国农业的绿色健康发展作出新贡献。通过沟通与交流，我们的理念与该公司2012年提出的“中国高效肥”的品牌定位不谋而合，该公司同意为我们的试验提供优质肥料。如何实施、何人实施成了整个氨减排工作能否推进的关键一步。

(四)勇敢尝试的排头兵——示范小农户

通过政府部门推荐、高校师生实地走访和宣传，最终选择合适的农户进行田间试验。过程不易，首先要面对的就是农户的不信任，由于科学知识的匮乏和不敢冒险的心理，大多数农户不愿意深入了解我们的方案，更何况是在自己的地里做试验。在政府部门出面的情况下，首先联系村干部进行沟通，相对于普通农民，村干部的配合程度较高，同时对于本村的情况也更了解。再由村干部推荐村中受教育程度较高、愿意尝试新技术的农户，最后由科技小院的师生进行宣讲和集中培训。由于人力、物力的限制，我们在16 000亩的示范田中选择5块田进行跟踪试验，分别位于麻庄、王庄、太平村、义和村和合作社。

邯郸市氨减排工作模式(图5-2)包括政府、企业、高校、小农户四方面利益相关者，技术的落地与实现离不开所有利益相关者的相互协作。政府部门的政策宣传与财政补贴为整个工作保驾护航；具有极强的政策引导能力，共建农业科技现代化先行县也是落实习近平总书记关于农业科技现代化重要讲话精神，贯彻十九届六中全会精神、推进乡村振兴的重要举措，是凝聚科教力量、创新驱动乡村振兴的有益探索。

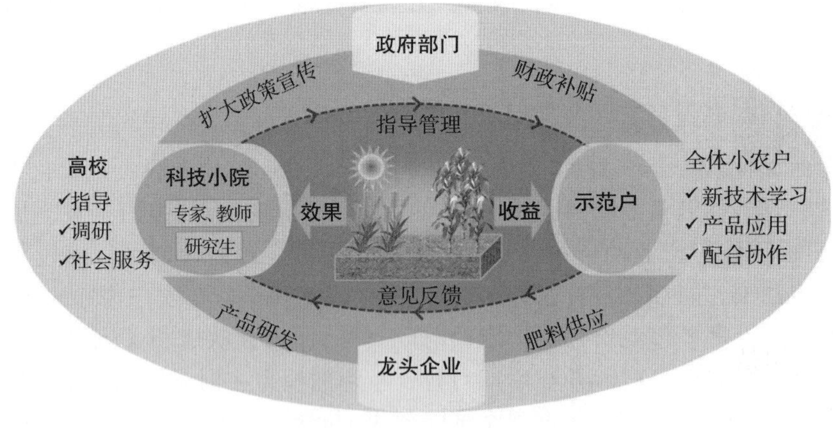

图5-2 氨减排工作模式图

企业的价值在于新产品的研发以及肥料产品的供应；据统计，我国华北地区的主要施用氮肥种类包括尿素、碳铵及含氮复合肥。铵态氮肥是指含有铵根离子或氨的含氮化合物的肥料。硝态氮肥包括硝酸铵、硝酸钠、硝酸钙。硝酸铵肥料水溶液呈弱酸性。酰胺态氮肥包括尿素及其衍生物，是固体氮中含氮最高的肥料。尿素，易溶于水，水溶液呈中性，高温潮湿的环境下易潮解。尿素施用后经脲酶作用转化后被吸收，肥效较慢，可作基肥、追肥，不提倡作种肥。该类氮肥使用量也是最多的，碱性土壤施用时要深施覆土，防止氨的挥发。龙头企业的加入为氨减排工作提供了稳定的添加脲酶抑制剂的产品，同时对产品品质进行管控。脲酶抑制剂是目前研究中使用最多的氮稳定剂，主要通过与脲酶活性位点中的镍原子络合形成金属螯合物，从而抑制脲酶对尿素的水解作用，增加尿素的土壤滞留时间，减少氨挥发，提高肥料利用率。正丙基硫代磷酰三胺作为新型脲酶抑制剂吸引了诸多关注，其与正丁基硫代磷酰三胺的结合物，商品名 LIMUS(力谋仕)，在华北平原取得了较好的氨减排及肥料增效效果。

高校的加入有助于建立科学的技术方法。科技小院将持续推进县校双方对接力度，提供更多科技、人才资源支持，加快曲周农业科技现代化发展步伐，助推曲周绿色、创新、高质量发展。科研人员拥有丰富的理论知识，对氨减排工作的认识更加全面，他们渴望充分提高养分利用率同时降低环境代价，尽可能地获得最大的作物产量和经济效益。同时，作为连接政府、企业与农户的纽带，他们可以通过举办技术培训会，提高农户对氨污染的认识，了解氨污染的危害，宣传减氨控氨的措施，使农户从认知上进行改变(图 5-3、图 5-4)。

图 5-3　氨减排行动——前期宣传工作

图 5-4　氨减排行动——农户培训

小农户的作用是氨减排技术的应用和新技术的传播。我国农业是由小农户主导的农业，小农户是氨减排工作模式中的主要行为人和直接受益者，从小农户入手具有一定的典型性和可行性。示范方选择的是乐于接受简单、省时、省力新技术并且渴望提高经济效益的农户，以这部分小农户作为主体，通过技术指导、肥料供应、财政补贴使其在自家农田开展氨减排工作，小农户参与所有田间作业以增加使命感和认同感。小农户的参与使新技术高度本地化，同时通过一户带动多户的行为，扩大氨减排工作的宣传力度，为后续工作开展提供基础。选取的小农户通过技术指导进行实地田间管理(播种、施肥、打药等)，并及时将田间情况反馈给高校师生(图 5-5)。

图 5-5　氨减排行动——示范田收获测产

依托中国农大曲周实验站和科技小院学生和有关专家，采用全程技术跟踪服务模式，除了对新型尿素肥料施用技术进行专门培训、指导外，还提供了耕作、播种、水、肥、植保等配套技术服务，以保证新型肥料的科学认识和正确施用能够落实到位。为此，项目执行期间，共开展县级以上规模集中培训 2 场；结合卫星遥感影像诊断施肥项目，开展村级规模的室内技术培训 13 次，认识新型尿素肥料的特点，了解科学管理氮肥技术以及小麦、玉米栽培关键技术；开展田间观摩会 11 场，让农户体验技术效果。同时，建立了 19 个微信群，进行线上服务，参与的农户近 1 800 人，发放技术信息 10 000 多条；发放明白纸共 5 000 多份，开展田间地头技术指导约 100 次，帮助农户掌握技术要点。

通过曲周县田间试验，在采用减量施肥、肥料深施、使用添加脲酶抑制剂的新型肥料三种氮素综合管理措施处理下，可以实现：在小麦季氨挥发总量降低 49.0%，基肥时期作物冠层氨浓度降低 8.1%，追肥时期作物冠层氨浓度降低 17.5%，小麦产量增加 3.5%，农户个人收益增加 25.0%；在玉米季氨挥发总量降低 39.1%，基肥时期作物冠层氨浓度降低 19.7%，玉米籽粒产量增加 12.4%，农户个人收益增加 19.2%。与非氨减排时期相比，氨减排时期曲周县大气氨浓度降低 40.1%，氮肥施用对 NH_3 的贡献率降低 11.2%、畜禽养殖的贡献率增加 3.4%，整个农业源贡献下降 7.7%。同时，减排时期环境中 $PM_{2.5}$ 浓度降低 8%。氮素综合管理措施展示出良好的经济效益和生态效益，其示范模式为华北平原增产减排工作提供了新角度、新思路，具有广阔的推广前景。

五、种植业氨减排建议

1. 建立 NH_3 测量标准、完善监测网络体系与排放核算标准

针对现有研究监测评估方法不统一、结果可比性差、研究成果碎片化等问题，研究建立科学的、分类型的、系统的观测评估方法和技术标准，选择基础好的观测点补充完善监测设备与体系，建立统一的质控数据管理制度，开展不同气候条件、生产要素等对氨排放的影响，形成综合的监测评估体系，摸清排放底数，构建精细化排放清单。

2. 氨减排目标设定

将 NH_3 归入主要空气污染物并进行针对性地监测，颁布官方规范化的氨排放清单。在国

家及地方各级政府层面的环境治理目标规划中，针对各县的产业结构特点，结合各项减排技术的费效比、可操作性、地区经济承受能力等，设定不同地区的农业氨减排短期和中长期目标。例如，可考虑选择重点种植大县设定2025年减排10%、2035年减排30%的目标（相对于2015年），由政府各部门联合监督，以保障区域氨减排目标的有效实现。

3. 氨污染预警、源解析和环境安全评价体系建立

结合氨减排目标和区域氨排放特征，划分氨排放重点区域，加强该区域的氨监测强度；结合溯源技术（如同位素指纹）探明氨污染来源，进行 NH_3 和 $PM_{2.5}$ 的同步监测，解析区域氨排放对雾霾形成的贡献。对部分点源污染区域及其周边生态环境体系进行环境评估，分析氨污染对生物多样性、水质等的影响，进而有针对性地提出重点区域的氨限排标准。根据氨排放、大气中二次转化和沉降的特点，结合区域雾霾预警体系，即时控制污染期间的氨来源，如推迟施肥时间或使用稳定性肥料，利用手机将预警消息即时传达至相关村级行政单位、企业和种植或养殖户负责人。同时，设置氨管控督查小组，确保重污染期间氨减排措施的切实贯彻实施。

4. 农业氨减排技术筛选与示范

筛选主要排放源的减排技术措施，系统评估不同减排技术的效果与成本，构建具有区域针对性的氨减排技术列单。结合区域主流种养习惯，细化氨减排技术在区域实现的技术难点和要点，同时将有关技术规程对相关政府机构、企业和农户进行普及和商讨，明确技术实施存在的阻碍。对部分可行性高和氨减排效果显著的技术，在邯郸市大气污染防治重点地区选择种植规模较大、有积极性的国家农业可持续发展试验示范区（图5-6），开展种植业氨减排技术试点。同时，连续定点监测，评估区域氨减排成效，形成可复制、可推广的氨减排技术模式和管理机制，适时编制种植排放控制规划并向全市推广。

图5-6　小麦季示范田展示

思考题

1. 请结合实际情况，谈谈我国农业的发展付出了哪些环境代价。
2. 请根据案例内容，谈谈本案例还有什么不足之处。
3. 种植业氨减排技术中的最大限制因素是什么？
4. 请结合实际情况，谈谈我国关于氨减排的政策都有哪些。如何使政策更好地落地？

参考文献

李欠欠，李雨繁，高强，等，2015. 传统和优化施氮对春玉米产量、氨挥发及氮平衡的影响. 植物营养与肥料学报，21(3)：571-579.

李欠欠，2014. 脲酶抑制剂 LIMUS 对我国农田氨减排及作物产量和氮素利用的影响. 北京：中国农业大学.

林岩，段雷，杨永森，等，2007. 模拟氮沉降对高硫沉降地区森林土壤酸化的贡献. 环境科学，(3)：640-646.

刘学军，沙志鹏，宋宇，等，2021. 我国大气氨的排放特征、减排技术与政策建议. 环境科学研究，34(1)：149-157.

裴淑玮，2012. 华北农田施肥对温室气体及含氮气体排放影响. 北京：北京林业大学.

沙志鹏，2021. 农田 NH_3 减排潜力及稳定性氮肥保氮控失效应研究. 北京：中国农业大学.

孙志豪，崔燕平，2013. $PM_{2.5}$ 对人体健康影响研究概述. 环境科技，26(4)：75-78.

尤翔宇，刘湛，张青梅，等，2016. 长株潭地区人为源氨排放清单及分布特征. 环境科学，37(1)：94-101.

翟冬玉，2020. 邯郸市大气氨排放和 $PM_{2.5}$ 的时空分布特征分析. 邯郸：河北工程大学.

张翀，李雪倩，苏芳，等，2016. 施氮方式及测定方法对紫色土夏玉米氨挥发的影响. 农业环境科学学报，35(6)：1194-1201.

周文利，郭大勇，2021. 华北平原冬小麦-夏玉米轮作体系磷肥施用技术规程. 磷肥与复肥，36(2)：11-13.

Xausa F，2014. 中国氨排放对细颗粒物污染的影响研究. 北京：清华大学.

Battye W，Viney P A，Paul A R，2003. Evaluation，and improvement of ammonia emissions inventories. Atmospheric Environment，37(27)：3873-3883.

Bobbink R，Hicks K，Galloway J，et al.，2010. Global assessment of nitrogen deposition effects on terrestrial plant diversity：A synthesis. Ecological applications：a publication of the Ecological Society of America，20(1)：30-59.

Matson P，Lohse K A，Hall S J，2002. The globalization of nitrogen deposition：consequences for terrestrial ecosystems. Ambio，31(2)：113-119.

Park R S，Lee S，Shin K S，et al.，2014. Contribution of ammonium nitrate to aerosol optical depth and direct radiative forcing by aerosols over East Asia. Atmospheric Chemistry and Physics，14(4)：2185-2201.

Zhang R，Han Y，Shi A，et al.，2021. Characteristics of ambient ammonia and its effects on particulate ammonium in winter of urban Beijing，China. Environmental Science and Pollution Research，28(44)：62828-62838.

附 录

【材料一】 农业氨减排技术研究

附表 5-1 主要农田氨减排技术研究及推广程度

生产过程	减排技术	减排效果/%	减排成本/(元/hm^2)	推广程度
氮肥投入	25%减肥增效	18.0～32.4	−600	可推广
	50%减肥增效	25.0～48.5	−1 200	可推广
	75%减肥增效	48.2～68.3	−1 800	可推广
施肥方式	深施肥	45.1～79.4	600	可推广
	灌溉	71.3～83.4	750	可推广
	水肥一体化	60.2～77.4	8 000	选择性推广
田间管理	秸秆还田	0～18.6	750	可推广
	秸秆生物炭还田(酸性或中性)	20.9～57.7	2 000	选择性推广
肥料类型	有机无机复混肥	6～18.5	1 800	可推广
	有机肥替代	44.7～63.6	3 300	选择性推广
	铵或硝基肥替代	8.6～48.8	600	选择性推广
氮肥增效	控释肥	46.8～58.3	600	可推广
	脲酶抑制剂	48.1～70.4	300	可推广
	双抑制剂	21.7～48.6	750	选择性推广

【材料二】 产量测定

1.小麦产量测定方法

①取样方法:在万亩小麦示范方内随机选取 3～5 个地块进行实收测产。

②实收称重:在抽取的地块中选取长势均衡的地段,实际收获 0.1 亩左右的小麦麦穗进行称重,再取 1/10 重量的麦穗,脱粒、去颖壳称重,计算麦穗出籽率,再称取 2 kg 样品烘干至含量 20%以下称重,供测含水率用。

③测定含水率:用谷物水分测定仪测定烘干小麦籽粒的含水率,5 次重复取平均数。

④取样产量(kg/亩)=实收麦穗重×出籽率×(666.7÷实收面积)×[1−鲜籽粒含水率(%)]÷(1−13%)。

⑤实收产量:为所有取样地块产量的加权平均值。

2. 玉米产量测定方法

①取样方法：根据地块自然分布将万亩示范点划分为10片左右，每片随机取3个地块，每个地块在远离边际的位置取有代表性的样点6行，面积(S，单位：m^2)≥67 m^2。

②田间实收：每个样点收获全部果穗，计数果穗数目后，称取鲜果穗重Y_1(kg)，按平均穗重法取20个果穗作为标准样本，测定鲜穗出籽率和含水率，并准确测量收获样点实际面积。

③计算公式：

每亩鲜果穗重Y(kg/亩)=(Y_1/S)×666.7。

出籽率L(%)=[X_2(样品鲜籽粒重)/X_1(样品鲜果穗重)]×100%。

籽粒含水率M(%)：用谷物水分测定仪测定籽粒含水率，每点重复测定10次，求平均值。

实测产量(kg/亩)=鲜穗重(kg/亩)×出籽率(%)×[1－籽粒含水率(%)]÷(1－14%)。

【材料三】 国家环保政策

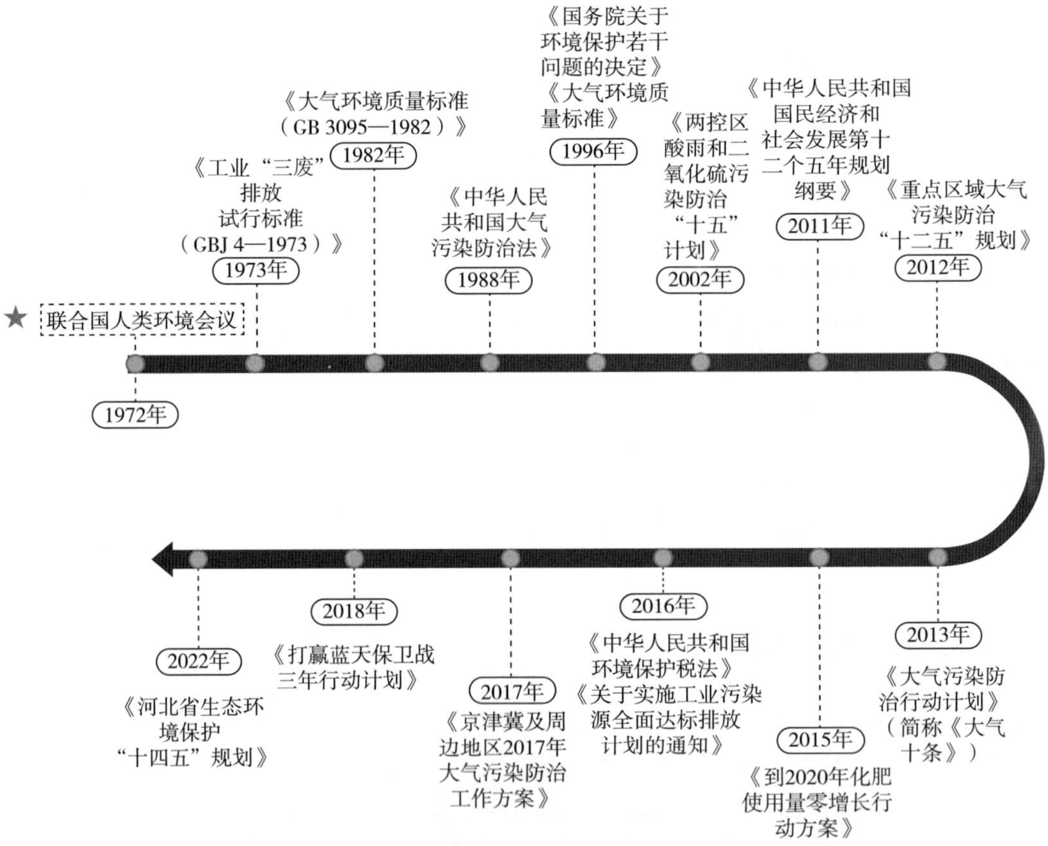

附图 5-1 中国大气环境保护政策和措施出台时间序列

【材料四】 氨减排行动工作场景展示

1)现场示范

附图 5-2　氨减排示范区的现场示范

2)收获

附图 5-3　氨减排示范区小麦收获

3)氨挥发测定和田间指导

附图 5-4　氨挥发测定与田间生产指导

板块二

绿色投入品创制与综合利用

第六章

工农商融合推进测土施肥工作——以黄河中下游小麦专用肥研发为例

Integration of industry，agriculture and commerce to promote soil testing and fertilization-A case study of research and development special fertilizer for wheat in the lower reaches of the Yellow River

摘要：本案例系统地介绍了 2003 年中国农业大学资源与环境学院植物营养系与中化化肥控股有限公司合作研发小麦专用肥的过程。针对黄河中下游农民过量施肥现状和专用肥研发缺陷，依据推荐施肥技术、土壤肥力、小麦产量水平和农事操作等综合因素研发小麦专用肥及其田间示范效果。通过本案例教学，学生可掌握专用肥研发各个环节和田间应用的技术要点，巩固土壤农化知识，提升专业技术水平。

Abstract：This case systematically introduces the process of the cooperative research and development of special wheat fertilizer between the Department of Plant Nutrition，College of Resources and Environment，China Agricultural University and Sinofert Holdings Limited in 2003. According to the current situation of excessive fertilization of farmers in the middle and lower reaches of the Yellow River and the research and development defects of special fertilizer，the research and development of special wheat fertilizer and its field demonstration effect according to the comprehensive factors such as recommended fertilization technology，soil fertility，wheat yield level and agricultural operation. Through the teaching of this case，students can master the technical key points of each link of special fertilizer research and development and field application，consolidate professional knowledge and improve professional technical level.

关键词：小麦；专用肥研发；田间应用

Key words：wheat；special fertilizer research and development；field application

【适用课程】 养分资源综合管理、肥料资源与养分综合管理

【教学目的与要求】 理解专用肥研发的重要意义；掌握小麦专用肥研发过程，学会设计专用肥配方；了解肥料生产流程，掌握肥料生产工艺；了解肥料销售及售后服务流程。

【案例知识点】 小麦生育期生长阶段及需肥特性；测土配方施肥技术；专用肥设计原理；专用肥配方设计及研发流程。

【撰写时间】 2021 年 11 月 9 日

一、研发背景

中国中化集团有限公司(简称中化集团)成立于1950年,前身为中国化工进出口总公司,历史上曾为中国最大的外贸企业。中化化肥控股有限公司(简称中化化肥)隶属于中化集团,成立于1993年。中化化肥涵盖资源、研发、生产、分销、农化服务的全产业链,在国际化肥市场上具有重要影响力,是国际肥料工业协会(IFA)会员单位、国际植物营养研究所(IPNI)全球17家理事单位之一。中化化肥拥有逾60年的化肥国际贸易经验和国际贸易关系网络实力,是中国进口化肥的主渠道,为保障国内紧缺化肥资源供应、调剂余缺发挥骨干和建设性作用。中化化肥拥有齐全的大量元素、中微量元素肥料以及专用肥、缓控释肥、生物肥等新型肥料的研发、生产能力。中化化肥在中国主要的农业省、农业县拥有自己建设的、国内领先的分销服务网络,覆盖了中国95%的耕地面积。中化化肥积极推进全球视野的资源获取战略,拥有的磷矿资源位列国内前十。

中化化肥的使命是立足于中国,从全球市场配置优质资源,为中国粮食安全和农业生产服务。公司基于全球视野,发展资源、生产、技术、营销和服务;运用科学技术服务社会,引领行业标准,推动行业发展;围绕以化肥为核心,为农民服务为宗旨发展上、下游相关行业;面向农民,成为农化服务的行业推动者。

中化化肥自成立以来,经历了进口垄断、战略重组、快速成长扩张、产业调整和全面发展几个阶段。受金融危机影响,全球化肥市场价格动荡,中化化肥在面对复杂严峻的外部环境和全行业产能过剩、竞争加剧等挑战时,经营难度进一步加大,在此危急时刻,中化集团未来的发展战略转型已迫在眉睫。从进出口贸易公司转型到国内主要作物肥料供应商,这对中化未来战略转型提出新需求,要求研发一款作物专用肥,可以达到以下4点要求:①针对作物精准施肥;②作物增产增效,施用操作简单;③易于工厂化生产;④配套销售模式体系。然而,作为肥料企业,如果没有建立起科学的专用肥研发应用系统,没有配套的农化服务;作为研究肥料的科研单位,如果没有和企业建立共同开发产品的平台,好多研发成果只能局限在试验田中。新产品的研发与发展,恰恰需要二者的结合,发挥优势互补。因此,2003年中化集团寻求与中国农业大学资源与环境学院植物营养系合作,共同研发作物专用肥。

中国农业大学资源与环境学院植物营养系有40年从事推荐施肥工作的历史,在全国,特别是在华北平原小麦-玉米轮作体系的推荐施肥研究工作中有非常丰富的工作积累,建立了以养分平衡为基础的土壤植株测试推荐施肥技术,并已在全国多个省市进行了大面积的推广应用,取得了良好的经济效益和社会效益。有多年从事一线工作的研究队伍,有能力在山东小麦专用肥的工作中拿出最科学合理的专用肥配方及相应的施肥技术。基于多年研究成果,研发团队以黄河中下游的小麦为研究对象设计专用肥配方。

二、首选研发以惠民为中心区域的小麦专用肥的主要理由

山东省惠民县地处黄河下游北岸,位于黄河冲积平原的南端,隶属滨州市管辖。惠民县历史悠久,自古就是农业大县。农业以种植业为主,2000年农作物播种面积为10.93万hm^2(164万亩),其中小麦播种面积占35%(57.4万亩),玉米播种面积占27%(44.3万亩),小麦-

玉米轮作是当地最主要的作物种植体系。近年来,惠民县农业已逐渐形成以小麦、玉米为主要粮食作物,棉花、蔬菜为主要经济作物的农业种植结构。

惠民县是全国生态农业重点建设县,当地干部、群众对农业科技新方法、新技术有很好的接受能力。惠民县周边地区如邹平市、阳信县、商河县等的小麦生产也十分重要。然而,据研发团队对该县施肥情况的调查,惠民县小麦氮、磷、钾化肥施用量分别为 369.4 kg/hm^2、82.8 kg/hm^2 和 71.1 kg/hm^2,这一用量高于我们调查得到的山东省小麦的平均化肥施用量。

小麦是我国最重要的农作物之一,但国内市场上还没有真正开发出考虑作物营养特性、土壤养分状况和农业生产措施的小麦专用肥。剖析国内市场已开发的一些专用肥发现:①国内目前开发的一些专用肥配方基本不考虑当地的土壤养分供应状况,大多简单地根据作物吸收的养分量来确定配方,常常造成磷、钾肥施用量偏高;②已有的专用肥基本不考虑氮肥在作物不同生育时期的分配,将全生育期的氮肥用量全部放在专用肥上,一方面造成基肥氮的过量施用并增大损失的可能性,另一方面农民又要追施氮肥;③国内最先做专用肥的主要是一些小企业,产品质量得不到保证,往往还会因此丧失信誉。目前,山东惠民的作物(特别是小麦)专用肥产品基本处于空白状态。

山东省和惠民县有开发小麦专用肥的兴趣和意愿。主要表现在:①调查表明,农民希望得到科技含量高、质量有保障的小麦专用肥;②目前,中国农业大学正在和山东省农业厅土壤肥料总站、滨州市土壤肥料工作站、山东省惠民县人民政府合作,开展国家科技攻关“生态农业”项目的示范推广工作,这些部门有极大的兴趣开展小麦专用肥的研发和应用,因此这个项目可以得到当地的行政支持;③当地农技推广部门可以成为小麦专用肥销售和农化服务的主体;④研发团队希望以研发以惠民为中心区域的小麦专用肥为基础,构建企业、院校、农技推广部门合作的新框架,为今后进一步的工作开一个好头。

三、惠民肥料市场现状调研

2003 年 5 月,研发团队对山东省惠民县肥料市场现状,包括肥料类型、品种、销售网络、包装、宣传以及农民的接受程度等进行了深入调查。调查结果表明:

(1)山东省内的几家企业,如:鲁西化工集团股份有限公司、山东鲁北化工股份有限公司、山东三方化工集团有限公司、山东红日化工股份有限公司等占据了主要的肥料市场;外省企业如成都玖源复合肥有限公司、山西天脊煤化工集团有限公司等,品种少,销量也小。

(2)高浓度肥料畅销,中低浓度肥料渐渐退出市场。市场上销售的复合(复混)肥料绝大多数以高浓度为主,高浓度通用型肥料主要集中在一些知名厂家,如山东红日化工股份有限公司(15-15-15);山东三方化工集团有限公司(16-16-16;15-15-15;16-13-16;25-5-10)等。一些不知名厂家生产的中低浓度复合(复混)肥市场销售份额不大,竞争力小,正在逐渐退出市场竞争。

(3)专用型肥料少,小麦-玉米以施用“常规肥料”为主。目前市场上销售的复合(复混)肥以通用型为主,主要类型有:12-18-15;13-17-15;15-15-15;16-16-16;18-18-18;19-19-19。很少见到作物专用肥,即使有注明作物专用肥,养分浓度也主要集中在以上几种,没有真正做到“作物专用”。如山东农大肥业科技有限公司的玉米专用复混肥(19-19-19;26-5-9)。19-19-19 是通用型肥料养分配方,适合很多作物;26-5-9 虽是高氮含量复混肥,但钾素含量少,不适合惠民玉米的生产。

(4)小麦生产中施用最广泛的肥料是磷酸二铵(特别是美国产磷酸二铵)、尿素、碳铵等,过磷酸钙施用范围正在减少。小麦基施以二铵和尿素(或碳铵)为主,追施尿素(或碳铵),少数农户使用复混肥。

(5)销售部门众多,销售网络简单。目前肥料市场销售部门众多,竞争激烈。为了降低销售成本,销售网络一般较为简单,最多三级销售就到乡镇级经销商手中。即外省企业一般有山东总代理、惠民代理、销售部门,省略了市一级销售网络,每个县都有一个代理商。山东外地肥料经惠民代理直接到达乡镇级销售部门手中,当地(距离厂家较近)肥料则是厂家直销。"常规肥料"如尿素、碳铵、二铵和过磷酸钙等由于利润低,以厂家直销和二级销售为主。

(6)包装多样。绝大多数肥料品种为 50 kg 一袋包装,只有山西天脊煤化工集团有限公司、山东农大肥业科技有限公司等几家企业有 40 kg 一袋的包装。复合(复混、掺混)肥料包装式样多,色彩鲜艳,但主要包装形式有 3 种:一是单面包装;二是两面包装,反面以广告为主;三是反面标明产品介绍、生产工艺等,只有一家在反面标明不同作物的不同施用量。

(7)可选广告形式多样,实际运用广告形式单一。目前用于肥料宣传的手段多种多样,主要包括电视广告、纸质宣传材料、广告横幅(牌)、宣传车、专家现场咨询和田间试验现场等手段。电视广告由于费用高,主要在肥料销售旺季播出;专家现场咨询和田间试验现场必须依托当地技术部门,操作困难;宣传车形式仅限于当地肥料企业。纸质宣传材料和广告横幅(牌)是目前各家肥料企业主要的广告渠道,但效果并不理想。

四、工农商三方助力小麦专用肥研发

(一)惠民小麦的产量水平和养分需求调查

没有调查就没有发言权。为此,研发团队组织成员开展实地调查,结果发现目前黄河中下游地区小麦常年产量水平在 400～550 kg/亩波动,以 400～500 kg/亩居多。从多年的科研结果来看,亩产 400～500 kg 小麦氮、磷、钾养分的需求量分别为纯氮(N)12 kg、五氧化二磷(P_2O_5)4 kg 和氧化钾(K_2O)11 kg。根据农民施肥习惯,将小麦整个生育期分为两个典型阶段,即小麦播种-起身和起身-收获,这两个阶段的氮素吸收量分别为 4 kg/亩和8 kg/亩。

(二)专用肥研发

1. 以养分平衡为基础的土壤植株测试推荐施肥技术(农学)

以养分平衡为基础的土壤植株测试推荐施肥技术是中国农业大学数字化施肥课题组于 20 世纪 90 年代初开始研发,近年来逐步成熟,并已在国内多个省市推广应用的一项技术。该技术从不同养分的资源特征差异出发,对氮肥进行精确调控,对磷、钾和中量元素进行恒量监控,对微量元素因缺补缺。主要技术包括以下两个部分:

(1)基于土壤无机氮测试和养分平衡的氮肥分阶段管理技术。该项技术的要点是:根据作物在不同生育阶段氮素吸收规律来确定不同阶段的供氮量(土壤无机氮+肥料氮);由土壤无机氮测试结果计算作物不同生育阶段的氮肥用量;同时,综合考虑气候条件、作物生长状况和植株硝酸盐测试等对氮肥用量进行微调。

(2)基于养分平衡和土壤测试的磷、钾肥恒量监控管理技术。该项技术的要点是:基于养分平衡原理，根据土壤有效磷、有效钾的测试和一个轮作周期中作物对磷、钾的吸收量确定一个轮作周期所需磷、钾肥施用量和茬口分配，这一用量应可满足作物高产需求，并将土壤有效磷、钾持续调控在作物高产需要的临界水平上；每隔 3～5 年再进行一次土壤有效磷、钾的测试，以对肥料用量作出相应的调整。

研发团队依据此项技术，对惠民县 25 个农田的土壤进行测定，结果表明土壤有效磷为 8～18 mg/kg，平均为 12 mg/kg；土壤有效钾为 64～134 mg/kg，平均为 105 mg/kg，大多数土壤有效磷水平属中低水平，有效钾水平属中等水平。

惠民 310 个调查点位的养分测定结果表明，土壤有效磷为 26 mg/kg，有效钾为 127 mg/kg。但这是粮田和菜地等不同类型土壤的平均值，考虑到菜地土壤有效养分含量远远高于农田，可以推测大多数农田的有效磷、有效钾含量处于中低肥力水平。

从测定的土壤微量元素有效养分的含量来看，该地区土壤有效铁、锰、铜含量较高，而有效锌含量较低。考虑到该地区土壤盐渍化程度较高，作物缺锌的可能性较大，在设计专用肥时应加以考虑。

2. 小麦专用肥生产(工业)

基于惠民县土壤基础数据和养分平衡法基本原理，研发团队针对黄河中下游小麦设计了专用肥配方，提交给中化化肥投入生产。

生产小麦专用肥需要使用的原料主要有磷酸一铵、氯化钾、氯化铵、尿素、硫酸锌和(或)氧化锌等。这些原料通过不同原料投料口的电子配料系统进行动态配料，按配方设计比例进入生产系统，经造粒、干燥、冷却、筛分、包膜和成品包装工艺得到成品复合肥肥料(详见附录)。

3. 小麦专用肥销售(商业)

针对专用肥，研发团队设计了一系列的配套服务：在包装上印发专用肥施肥方法；设计与专用肥相关的技术资料，并随肥料发放；针对农户和中化销售团队进行技术培训、指导与咨询；对比示范田和千亩示范方；专用肥售后回访总结及下一步宣传、销售计划。

(1)包装设计。以某一款小麦专用肥包装设计(图 6-1)为例。

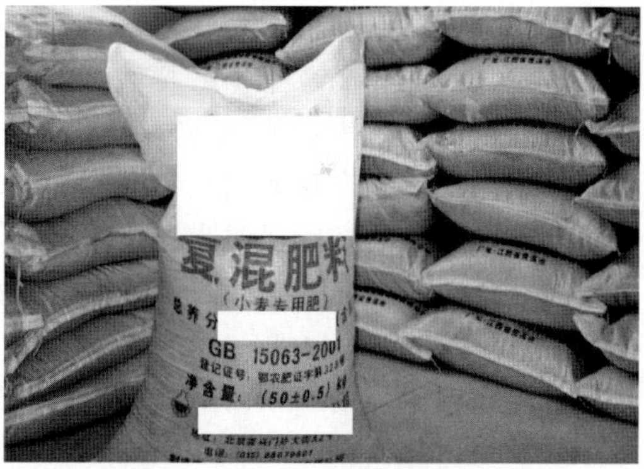

图 6-1　小麦专用肥包装设计

(2)技术资料。针对这款专用肥，研发团队还设计了施肥“五问”等技术资料，来解决农户提出的一些实际生产中面临的问题。

①为什么小麦施用基肥常常要施氮、磷、钾和微量元素，而追肥一般只要施用氮肥？

②过量施肥好不好？

③“一炮轰”施肥有什么问题？

④“中化”牌小麦专用肥及其施肥建议是怎么得来的？

⑤如何注意合理浇水以提高肥料效果？

(3)销售咨询。针对专用肥，研发团队采用了中国农业大学专家与惠民县农业局专家相结合现场咨询销售方式，为产品销售提供强有力的技术咨询服务(图 6-2)。

图 6-2　采用专家现场咨询销售方式售卖肥料

五、示范验证及应用效果

小麦专用肥究竟能不能起到增产减肥的效果？研发团队于 2003 年 9 月到 2004 年 6 月在山东省惠民县淄角镇闫家河村和西张刘村进行田间验证试验。田间试验设四个施肥处理：基施小麦专用肥（16-20-8）25 kg/亩，小麦起身期追施纯氮 8 kg/亩；基施艳阳天复合肥（15-15-15）50 kg/亩，小麦起身期追施纯氮 18.4 kg/亩；基施美国二铵和尿素各 25 kg/亩，小麦起身期追施纯氮 18.4 kg/亩；由农户根据往年习惯追肥。西张刘村小麦品种为潍麦 8 号，闫家河村为鲁麦 23 号改良系，小麦于 2003 年 10 月 7 日左右播种，2004 年 6 月 8 日左右收获。小麦灌浆后期选取长势均匀的 4 个 1 m 样段测定亩穗数，在 1 m 样段内依次选取 20 穗测定穗粒数。小麦收获时取具有代表性的、长势均匀的 1 m^2 样籽粒测千粒重。另外，对滨城区滨北镇北宋村和寨子村施用小麦专用肥的麦田和周边麦田的基肥用量和小麦产量构成因素进行调查。试验中所用肥料单价均按购买时市场价格计算：小麦专用肥为 1.7 元/kg，尿素为 1.7 元/kg，二铵为2.12 元/kg，普通过磷酸钙（普钙）为 0.40 元/kg，艳阳天复合肥（15-15-15）为 1.5 元/kg，绿源复合肥（12-18-15）为 1.56 元/kg，碳铵为 0.38 元/kg，鸡粪为 45 元/m^3。

图 6-3　小麦专用肥与农户习惯施肥示范对照

闫家河村麦田播前田间水分过高而不得已采用撒播，且播种过晚造成小麦籽粒产量不高。但无论是高产田块还是低产田块，与施用其他同类肥料相比，施用小麦专用肥长势明显优于农户习惯施肥（图 6-3）；在保证小麦产量略有增加的基础上，可有效地降低肥料用量，减少施肥成本，提高氮效率。在西张刘村田块上，施用小麦专用肥比施用艳阳天复合肥增产 4.6%，比施用二铵＋尿素和农民习惯施肥减产 6.1% 和 1.0%，但氮效率却分别提高了 21.2、21.5、17.2 kg/kg，施肥成本降低了 66、72、69 元/亩；在闫家河村田块，施用小麦专用肥麦田比施用艳阳天、二铵＋尿素和农民习惯的麦田分别增产

32.8%、12.3%和 28.0%，氮效率提高了 19.8、19.4、21.0 kg/kg，施肥成本降低了 66、72、64 元/亩(表 6-1)。

表 6-1　小麦专用肥与其他同类肥料对小麦产量的影响和施肥成本的比较

地点	基肥类型	用量/(kg/亩)	追氮量/(kg/亩 N)	亩穗数/(万穗/亩)	穗粒数/(粒/穗)	千粒重/(g/千粒)	产量/(kg/亩)	N 效率***/(kg/kg)	施肥成本/(元/亩)
西张刘村	专用肥	25	8.0	21.1	43.1	45.1	522	37.9	77
	艳阳天	50	18.4	19.4	35.3	43.7	499	16.7	143
	二铵+尿素*	40	18.4	21.0	39.0	44.8	554	16.4	149
	绿源复合肥(农民习惯)	50	16.1	21.8	40.9	42.5	527	20.7	146
闫家河村	专用肥	25	8.0	33.6	27.4	36.6	421	30.5	77
	艳阳天	50	18.4	29.6	25.4	36.0	317	10.7	143
	二铵+尿素*	40	18.4	30.1	29.3	28.9	375	11.1	149
	鸡粪+碳铵+普钙**(农民习惯)	100	17.3	29.8	28.0	32.4	329	9.5	141

* 二铵为 25 kg/亩；尿素为 25 kg/亩。 ** 鸡粪为 1.4 m^3/亩；碳铵为 50 kg/亩；普通过磷酸钙(普钙)为 50 kg/亩。 *** 氮效率(kg/kg)=籽粒产量/纯氮施用量。

示范麦田的结果表明，基施小麦专用肥 33、40、50 kg/亩的麦田产量没有显著差异(表 6-2)，说明过多的肥料投入不仅不能提高作物产量，而且还会造成资源浪费，降低农民收益，污染环境。与施用其他肥料的麦田相比，施用小麦专用肥的麦田由于养分配比合理，易于促进小麦冬前形成壮苗和春后早发，有效提高小麦亩穗数和穗粒数，一定程度上增加小麦产量。

表 6-2　施用小麦专用肥麦田和周边麦田产量、施肥量和基肥成本的比较

调查户数	肥料类型	用量/(kg/亩)	亩穗数/(万穗/亩)	穗粒数/(粒/穗)	千粒重/(g/千粒)	产量/(kg/亩)	基肥成本/(元/亩)
2	专用肥	33	32.6	42.9	40	550	56
3	专用肥	40	32.8	43.0	40	550	68
2	专用肥	50	32.0	42.7	40	547	85
2	二铵	35	32.6	39.9	40	550	74
2	二铵	35	30.6	39.6	40	484	74
1	过磷酸钙	125	24.6	43.9	40	433	50

六、售后回访及下一步宣传、销售计划

(一)售后回访

研发团队在 2004 年 3 月针对滨州市小麦专用肥主要销售网点和东营市部分网点进行了

售后回访工作，旨在听取经营过本产品的经销商和施用过本产品的农户对本产品的综合评价（质量、包装、服务、外观、价格等）以及可能的改进建议。本次回访的实际时间为两天半，经过与中化分销处、直销店人员、基层经销商、部分农户以及小组内部的不断讨论，本次活动对小麦专用肥的主要认识如下。

（1）产品质量。从目前调查农户的反映来看，绝大部分农户认为该肥料不错，肥料颗粒、颜色设计合理，施用后麦苗绿、返青快（只有1户反映麦苗发黄）。总体上，农户和经销商给予好评，但包装破损严重，易受潮结块。

（2）包装和外观。经销商对肥料外观和包装的关注程度要高于农户，因为肥料的包装和外观直接影响农民选择肥料的倾向。油彩或色彩鲜艳的肥料袋不再受到农民和经销商的青睐，甚至会使农户产生抵触情绪。这款小麦专用肥包装袋的外观设计无须改正，但包装袋设计得太大，一是影响美观；二是搬运麻烦；三是让农户产生假肥料的疑虑。

（3）专用肥的认可度。经销商对小麦专用肥缺乏根本的认识。在本次调查中，研发团队专门对一些热点问题进行了调查，农户对作物专用肥的接受程度要好于经销商。经销商抵制作物专用肥，甚至有很多人建议取消小麦专用肥，其主要原因在于：①作物专用肥销售范围窄，不容易提高销售量，过了季节就会产生产品积压，无法处理；②前几年专用肥的信誉差，经销商怕一旦出现问题毁了声誉，影响生意；③经销商认识不到专用肥的优点，而是将之与其他复合肥同等看待，体现不出专用肥的优势。

（4）关于价格。从目前对复合肥价格的调查情况来看，复合肥的价格问题不是主要问题，常规肥料的价格透明，但复合肥的价格弹性大，提高价格并不十分影响销售，关键是质量和服务到位。农民更关注的是质量，而经销商更关注的是销售利润，在产品经过市场检验的情况下，利润是他们考虑更多的因素。建议把氯化钾型复合肥换成硫酸型复合肥，提高销售价格。

（二）下一步宣传、销售计划

通过与经销商特别是分销处和直销店人员的反复探讨，我们认为尽管在小麦专用肥的销售、宣传方面下了很大的功夫，但没有收到满意的效果。要想大幅度提高销售量，仍需加大宣传力度，主要表现在如下方面。

（1）经销商的选择。从目前肥料市场来看，尽管农户是肥料消费的主体，但他们在肥料的选择方面是被动的，经销商推荐什么品牌他们就购买什么品牌。经销商占有主动地位，因此经销商的选择是产品能否打开局面，能否快速进入市场的关键。大的经销商（以店面为主）销售能力强、辐射面积广、在当地信誉高，但这样的经销商选择性强，对新产品的需求不强烈，而且这些经销商已经为大企业做代理，即使代理小麦专用肥，也会敷衍了事。小的经销商（以串乡为主）在某几个村或小范围区域销售能力强，也有很好的信誉度，这部分经销商愿意代理新的产品、新的品牌。因此，在小麦专用肥销售前期应该以小经销商为主，希望借助中化的影响力，使我们的专用肥快速进入市场。

（2）宣传建议。①选择合适的宣传时间，如麦收前的现场或集市宣传；②利用宣传花车，在销售旺季，增加宣传花车数量，悬挂横幅并发放宣传材料；③在市级主要电视台投放广告，在小麦主要种植县区播放宣传专题片，或者沿村播放微电影，内容可以是施肥技术也可以是公司或产品介绍；④统一印制文化衫、扑克、手提袋等作为促销品，增强宣传品牌的作用；⑤免费发放试验品，建议每个直销店或经销商免费发放1～2袋肥料，选择在当地有影响力的农民田块做试验，在麦收前组织销售区域农民现场参观，为本产品的宣传积累素材；⑥在麦收前或抽穗期，选择典型地区开展现场会，将周围的农民和周边乡镇的经销商和部分农户召集到现场参观，同时聘请当地专家进行现场讲演。

（3）知识讲座。从目前农民的施肥习惯来看，大部分意识到施肥多是浪费的农户所采用施肥量比较合理。农民最需要的是施肥的知识，而不是单项的技术，因此定期开展知识讲座是使农民认识到施肥问题的最好途径之一。知识讲座的内容不应仅限于某个产品或某项技术，而应是综合的施肥知识，还应包括品牌的宣传等。

（4）货物及时供应。专用肥料销售的季节性很强，销售时间很短，在销售旺季必须保证货物的及时供应，否则不仅降低专用肥的销售量，而且挫伤经销商销售的积极性，造成货物积压。

七、小麦专用肥专利申请

田间试验证明小麦专用肥确实具有省钱省工和高产稳产等特点。在试验结束之后，研发团队将相关数据汇总，申请了小麦专用肥发明专利（图6-4）。

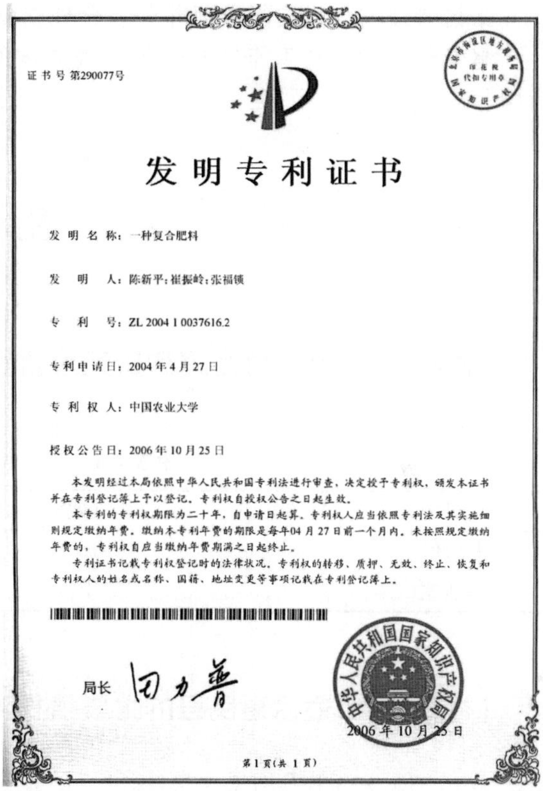

证书号第290077号

发明专利证书

发明名称：一种复合肥料

发明人：陈新平；崔振岭；张福镇

专利号：ZL 2004 1 0037616.2

专利申请日：2004年4月27日

专利权人：中国农业大学

授权公告日：2006年10月25日

本发明经过本局依照中华人民共和国专利法进行审查，决定授予专利权，颁发本证书并在专利登记簿上予以登记。专利权自授权公告之日起生效。

本专利的专利权期限为二十年，自申请日起算。专利权人应当依照专利法及其实施细则规定缴纳年费。缴纳本专利年费的期限是每年04月27日前一个月内。未按照规定缴纳年费的，专利权自应当缴纳年费期满之日起终止。

专利证书记载专利权登记时的法律状况。专利权的转移、质押、无效、终止、恢复和专利权人的姓名或名称、国籍、地址变更等事项记载在专利登记簿上。

局长 田力普

中华人民共和国国家知识产权局

2006年10月25日

第1页（共1页）

图 6-4　小麦专用肥专利

思考题

1. 请根据案例内容，思考如何设计一款可行的小麦专用肥。
2. 小麦专用肥是否要考虑加入微量元素？如果需要，添加量是多少？如何添加？
3. 针对案例内容提供的一系列农化服务，思考如何改进才能够为农户提供更全面的服务。

参考文献

冯雪莉，2014. 中化化肥战略转型研究. 北京：对外经济贸易大学.

寇长林，2003. 华北平原集约化农作区不同种植体系施用氮肥对环境的影响. 北京：中国农业大学.

王兴仁,曹一平,张福锁,1995. 土壤氮磷钾养分资源特征和综合管理策略. 北京农业大学学报,21(S2):89-93.

王兴仁,张福锁,曹一平,等,2003. 养分资源管理的理论和技术及其在小麦玉米高产轮作中的应用. 中国农业大学学报,8(S1):36-41.

张树清,2004. 我国氮磷钾养分与合理施肥技术的研究. 磷肥与复肥,19(2):65-69.

赵荣芳,2002. 基于养分平衡和土壤测试的农田养分资源管理方法研究. 北京:中国农业大学.

附　录

【材料一】 惠民县土壤微量元素含量

附表 6-1　惠民县土壤微量元素含量　　mg/kg

项目	有效铁	有效锰	有效铜	有效锌	有效硼
平均值	15.0	10.9	1.7	0.7	0.6
标准差	2.3	1.6	0.3	0.2	0.2

【材料二】 适合惠民县的土壤植株测试推荐施肥技术指标

适用于山东惠民的主要技术指标见附表 6-2、附表 6-3、附表 6-4。有关该技术的详细介绍见中国农业大学硕士学位论文《基于养分平衡和土壤测试的农田养分资源管理方法研究》(赵荣芳,2002)和中国农业大学数字化施肥课题组科研报告《土壤植株测试推荐施肥》。

附表 6-2　同步作物氮素需求和土壤氮素供应的氮肥分阶段管理技术指标

作物	目标产量/(t/hm^2)	施肥方式	施氮量/(N,kg/hm^2)
小麦	6	基施	60
		追施(起身期)	120

附表 6-3　基于养分平衡和土壤测试的磷肥恒量监控管理技术指标

分级	土壤有效磷/(P,mg/kg)	产量/(t/hm^2)		磷素优化管理技术/(P_2O_5,kg/hm^2)		
		冬小麦	夏玉米	短期和中期		长期
				秸秆还田	秸秆不还田	
高	＞30			0	0	每 3～5 年对土壤有效磷进行监测,调整磷肥的施用量
中	14～30	6	6	80～90	100～115	
低	＜14			115～140	140～160	

注:推荐的磷肥用量为小麦-玉米一个轮作周期的用量,一般 2/3 或全部施在小麦上,玉米上施 1/3 或不施。

附表 6-4　基于养分平衡和土壤测试的钾肥恒量监控管理技术指标

分级	土壤有效钾/(K,mg/kg)	产量/(t/hm²)		钾素优化管理技术/(K_2O,kg/hm²)	
		冬小麦	夏玉米	短期和中期	长期
高	>100	6	6	0	每3～5年对土壤有效钾进行监测,调整钾肥的施用量
中	70～100			50	
低	<70			100	

注:推荐的钾肥用量为小麦-玉米一个轮作周期的用量,在中等肥力情况下,主要施在玉米上,在低肥力条件下,小麦、玉米各施一半。

【材料三】　小麦专用肥生产工艺

小麦专用复合肥转鼓造粒重要生产环节包括计量、配料、造粒、冷却,具体生产设备及过程如附图 6-1 所示。

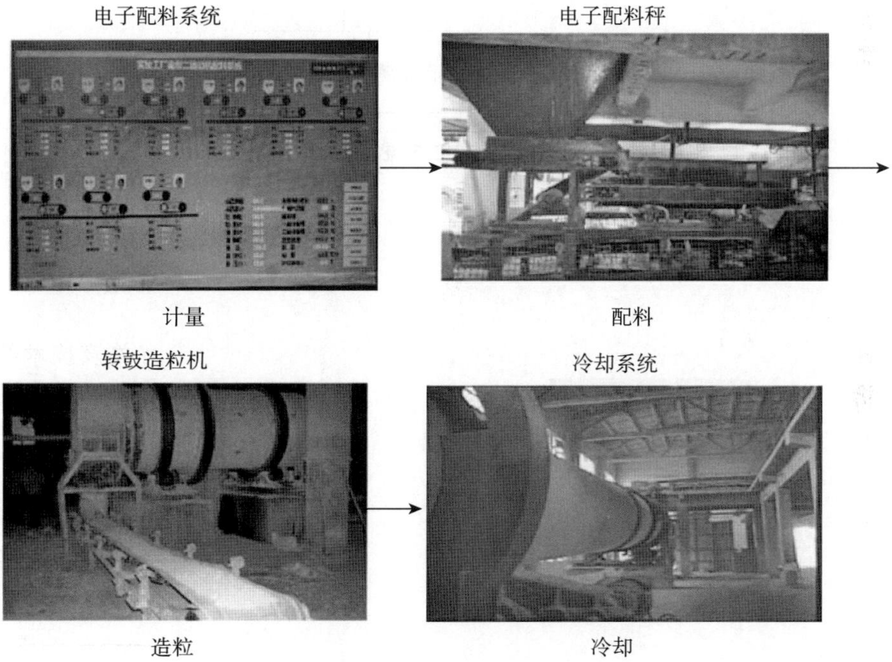

附图 6-1　生产设备及过程(图片来自武良)

本产品生产工艺为转鼓造粒工艺,流程如附图 6-2 所示。

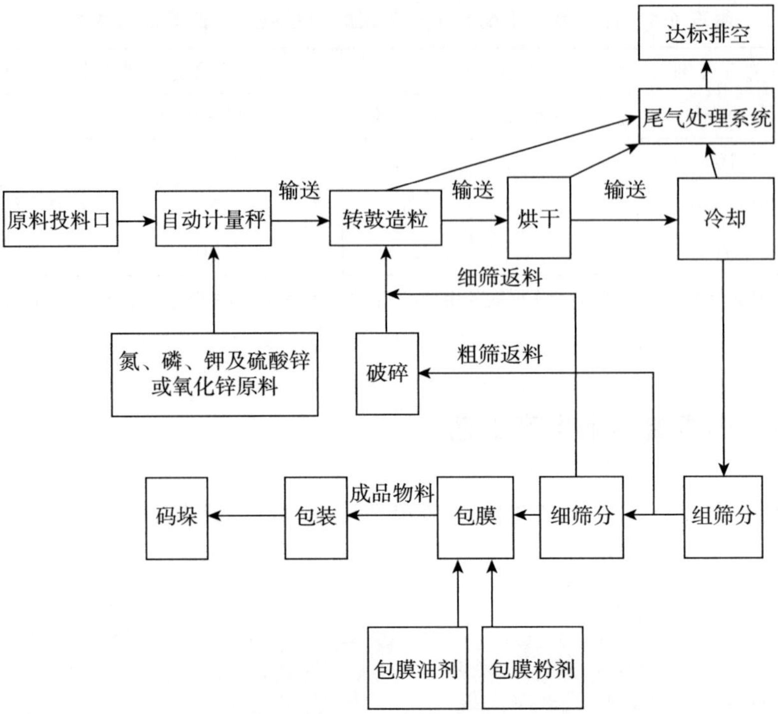

附图 6-2　转鼓造粒生产工艺流程（图片来自武良）

第七章

“科学施策，政府引导”打破国外钾肥价格垄断

“Scientific policy implementation and government leading” to break the price monopoly of foreign potash fertilizer

摘要:由于国际钾肥巨头预测中国钾肥需求强劲,从2003年开始到2008年国内进口钾肥价格不断攀升,到2008年进口钾肥价格较前一年增长了一倍多。为此,农业部牵头组织成立工作组对我国磷钾肥产业发展战略问题进行了专题研究,研究报告基于科学分析提出一系列政策建议。随着这些政策的实施,2009年下半年国内钾肥价格大幅度回落。基于这一事件,本案例系统地介绍了我国钾肥生产、进口和农业消费的现状,以及我国农田钾素管理存在的问题和农田钾素科学管理技术等内容。通过本案例教学,学生能够掌握农田钾肥管理技术要点和钾素资源分析方法,培养运用理论指导实践能力和全球化视野。

Abstract: As the international potash fertilizer giant predicted that China's demand for potash fertilizer was strong, the price of domestic imported potash fertilizer continued to rise from 2003 to 2008. To this end, the Ministry of Agriculture led the organization and set up a working group to conduct a special research report on the development strategy of China's phosphorus and potassium fertilizer industry, which put forward a series of policy recommendations based on scientific analysis. With the implementation of these policies, the domestic potash fertilizer prices fell sharply in the second half of 2009. Based on this event, this case systematically introduces the current situation of China's potassium fertilizer production, import and agricultural consumption, the problems existing in China's farmland potassium management and the scientific management technology of farmland potassium. Through this case teaching, students can master the key points of farmland potassium fertilizer management technology and potassium resource analysis methods, cultivate the ability to use theory to guide practice and global vision.

关键词:科技;政府;钾肥;价格垄断

Key words: science and technology; government; potash fertilizer; price monopoly

【适用课程】 肥料资源与养分综合管理、养分资源综合管理

【教学目的与要求】 学会运用权威资料与养分管理知识分析我国钾肥生产、进口和农业消费之间的关系;熟悉我国主要作物钾肥需求量与区域土壤钾素供应规律;掌握农田钾素科学管理技术。

【案例知识点】 肥料资源分析方法;农田钾肥需求分析方法;土壤钾素供应规律;主要作

物钾素管理技术。

【撰写时间】 2021 年 12 月 9 日

作为人口和农业大国，确保粮食安全是关系国计民生的大事。自 2003 年来，我国粮食连年丰收，这背后农业科技作出了巨大的贡献。其中，化学肥料作为“粮食的粮食”，已成为支撑粮食高产的重要农业生产资料。钾肥是农作物生产的基础肥料之一，长久以来随着作物不断移出农田，中国部分农田土壤缺钾已成为共识，而中国又是一个钾盐资源缺乏的国家，长期依赖进口钾肥满足国内需求，如何解决钾肥供应问题是关乎我国农业可持续发展的大事。

钾肥作为一种商品，其价格受供需关系的影响。20 世纪 80 年代，国际钾肥产能随着工业化进程迅速增长到 4 000 万 t/a(以 K_2O 计，下同)以上，但是由于价格一直低于 90 美元/t，钾肥经济效益较低。20 世纪 90 年代以来，国际钾肥供应商有意识地控制产量，钾肥产量保持在 2 500 万～3 000 万 t/a，价格从 90 美元/t 逐步提高到 700 美元/t 左右。进入 21 世纪，全球钾肥需求整体呈增长势头，2001—2005 年钾肥需求年增长率约为 2.7%。2005—2007 年，由于生物质能源发展及粮食供需紧张，钾肥需求年增长率达到 5.3%。2007 年全球钾肥产能达到 4 120 万 t，产量达到 3 409 万 t，需求达到 2 930 万 t 的历史最高水平。

2007 年也是我国钾肥用量的一个高峰期。基于钾肥产量、进口量和出口量计算的表观消费量表明，当年我国钾肥消费量达到 779 万 t，其中 70%以上是进口钾肥。这直接导致我国钾肥价格从 2003 年的 1 125 元/t，迅速增长至 2008 年 10 月最高峰的 5 000 元/t。2008 年 6 月 29 日《参考消息》发表文章《全球可能面临磷短缺》，该篇报道引起农业部领导对我国磷钾肥价格与供应问题的重视，随后指示由农业部牵头成立工作组对我国磷钾肥产业发展战略问题进行专题研究。工作组由农业部测土配方施肥技术专家组组长、时任中国农业大学资源与环境学院院长张福锁教授牵头，最终形成《国内外磷资源状况及我国磷肥产业发展战略专题研究报告》和《国内外钾资源状况及我国钾肥产业发展战略专题研究报告》两份报告。报告对国际磷钾肥生产、消费和贸易情况和我国磷钾资源状况进行了全面分析，并提出了秸秆还田、合理施用钾肥、减少钾肥进口和加强资源勘探等政策建议。随着这些策略的实施，2009 年下半年国内钾肥价格回落到 2 400 元/t，并在随后多年保持平稳。该事件虽已过去多年，但它为我国应对国际肥料价格异常波动留下了宝贵经验。

一、钾矿资源被国外巨头垄断

根据美国地质调查局统计资料，2007 年世界钾盐资源储量为 83 亿 t(K_2O，下同)，基础储量为 180 亿 t，近些年国际钾矿资源是增长的，其中加拿大钾矿储量在过去 5 年中增长了 13 亿 t (表 7-1)。根据现有产能，全球现有钾矿资源可供开采 250 年以上，而主要生产国如加拿大、俄罗斯、白俄罗斯等国甚至可达 400 年以上。当然，如果考虑海水钾资源的利用，则钾资源是非常丰富的。

目前开发的钾资源主要分布在加拿大、俄罗斯、白俄罗斯、德国、约旦、以色列等地区。这些国家储量占全球 93%，产量占全球 89%，而国际六大钾肥生产商的氯化钾产能占全球 65%，出口量占全球 80%以上。国际钾肥供应商分别于 1972 年和 2005 年组成了两个钾肥出口公司 Canpotex 和 BPC 统一对外贸易，国际钾资源形成了高度垄断。2002 年以来，国际钾肥产量虽然增加了 670 万 t，超过钾肥需求增长速度，但钾肥价格却增长了近 500%，垄断的影响力得到充分显示。

表 7-1　主要国家钾矿资源储量、开采量(K_2O)及可采年度

国家	经济储量/亿 t	基础储量/亿 t	产量/万 t	可开采年度/a
加拿大	44	110	1 100	400
俄罗斯	18	22	630	286
白俄罗斯	7.5	10	540	139
德国	7.1	8.5	370	192
巴西	3	6	41	732
美国	0.9	3	120	75
以色列	0.4	5.8	200	20
约旦	0.4	5.8	110	36
乌克兰	0.25	0.3	6.5	385
英国	0.22	0.3	45	49
西班牙	0.2	0.35	45	44
智利	0.1	0.5	45	22
中国	0.08	4.5	70	11
其他国家	0.5	1.4	0	0
全球	83	180	3 300	252

数据来源：美国地质调查局网站 http://www.usgs.org。

二、我国钾矿资源匮乏且工业生产起步较晚

(一)我国钾矿资源情况

据美国地质调查局资料，2007 年我国钾矿资源经济储量仅为 800 万 t，可开采年限为 11 年，基础储量为 4.5 亿 t，占世界的 2.5%。根据我国资料统计，这 800 万 t 的经济储量仅考虑了我国云南勐野的固体钾矿资源，但是我国现开采的大部分钾资源是分布在青海柴达木盆地和新疆罗布泊的卤水钾资源，经济储量约为 1.65 亿 t，基础储量约为 6.6 亿 t，按照年开采 250 万 t 的速度，我国现有经济储量可开采 66 年左右。

(二)我国钾肥工业发展情况

中国钾肥工业的发展大致划分为三大阶段：1949—1977 年为第一阶段，主要是摸索我国卤水钾盐的开发工艺，钾肥产量非常低，到 1978 年产量才达到 1.44 万 t。1978—1999 年为第二阶段，我国钾肥生产逐步解决了技术难题，钾肥可以规模化生产，到 1999 年产量突破 30 万 t。2000 年以来为第三阶段，是我国钾肥生产快速发展的时期，2007 年底我国钾肥产量达到 250

万 t(图 7-1)。与此同时,国产钾肥供给率也从 1990 年的 2%增加到 2007 年的 30%。从产品品种看,在氯化钾高速发展的同时,我国无氯钾肥发展也较快,其中 1990—2006 年硫酸钾、硝酸钾的生产能力分别以 30%和 20%的速度递增,硫酸钾和硝酸钾的年生产能力分别达到 170 万 t 和 60 万 t。

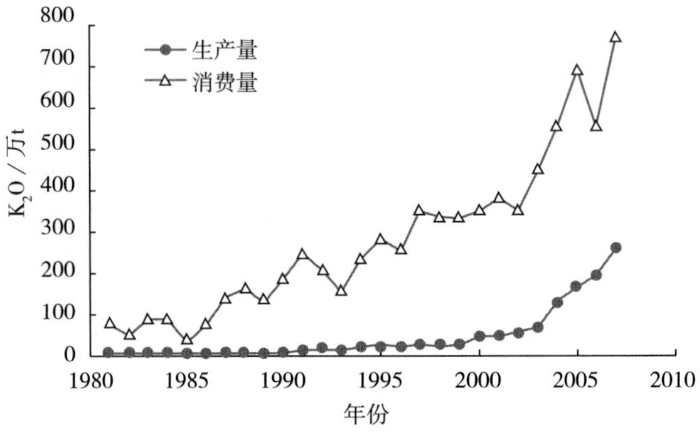

图 7-1 中国钾肥消费情况

(数据来源:中国磷肥工业协会)

(三)我国钾肥总体消费情况

我国钾肥施用是从 20 世纪 80 年代开始的,当时主要在南方水稻区施用钾肥,钾肥年总用量仅几十万吨。20 世纪 90 年代以后,随着我国"菜篮子"工程等项目的实施,钾肥用量进入快速增长期,2002 年钾肥用量达到 340 万 t。2003—2007 年是我国钾肥用量增长最快的 5 年,年均增长率达到 17%,2007 年钾肥表观消费量为 750 万 t(图 7-1),是 2002 年的 2.2 倍。这段时间我国钾肥用量大幅度增长主要是由于复合肥的快速发展,据统计我国钾肥用量的 70%是通过施用复合肥消费的。2003—2007 年钾肥用量的大幅度增长导致进口量猛增,2007 年我国进口氯化钾 941 万 t(折 574 万 t K_2O),比 2002 年增长 64%,年均增长约 10%,导致价格剧烈增长。

三、我国农业钾肥消费过量,农田钾素盈余量高

(一)果树和蔬菜钾肥用量严重超标

果树是我国钾肥消费第一大户,占全国钾肥用量的 27%。全国 88%的果树种植户施用钾肥,平均钾肥用量超过 200 kg/hm^2。我国大部分果农习惯施用有机肥,钾的总投入量可达 400~2 000 kg/hm^2,但农户不考虑有机钾的投入,无机钾肥超量施用明显。蔬菜是我国钾肥需求的第三大户,占全国钾肥用量的 17%。全国 75%的蔬菜地施用钾肥,全国蔬菜地平均用钾量为 94 kg/hm^2,高于粮食作物钾肥用量。占全国蔬菜地 20%左右的大棚中平均用钾量超过 500 kg/hm^2,如果考虑有机肥用量,大棚蔬菜钾的投入超过 1 000 kg/hm^2,农户同样不考虑有机钾的投入,钾肥超量施用也很明显。

对我国多个典型生产体系的案例分析表明，我国主要经济作物在农户常规施肥下各作物体系土壤钾素均有盈余。水果类作物土壤钾素盈余量较高，香蕉、蜜柚、苹果均大于500 kg/hm²，其中香蕉盈余量最高，超过1 000 kg/hm²，蜜柚盈余量也达到了700 kg/hm²，苹果盈余量接近600 kg/hm²。其他作物如桃、马铃薯、棉花、辣椒和烟叶等，钾素盈余也均高于100 kg/hm²。

(二)部分地区水稻施用钾肥过量

水稻是我国第二大钾肥用户，我国水稻主产区施钾肥非常普遍，72%的水稻种植面积施用钾肥，平均用量为88 kg/hm²。全国测土配方施肥488个"3414"试验表明，水稻施钾增产效益已经较低，其中增产率低于5%的试验达到35%，增产量低于10%的试验数量达到60%，部分地区甚至出现减产。表现增产的试验中，每千克钾肥稻谷增产5～7.6 kg，呈现从北向南递减趋势，尤其是华南地区增施钾肥增产有限，反而降低经济效益。长江流域增施钾肥既不增产也不增效。东北地区增施钾肥增产也增效，但需求增长空间有限。

(三)其他作物钾肥需求增长空间不大

其他经济作物如烟草、茶叶、棉花、糖料等，钾肥投入水平已经较高，没有增长空间。玉米钾肥增产效果明显，但是投入量过大也会导致经济效益下降。油料作物钾肥投入略有不足，油料价格增长会带动钾肥投入，但面积有限，需求空间较小。

(四)主要作物钾肥消费总量

根据中国农业大学统计数据，我国农田钾肥年消费总量约为702万t。以果树、水稻和蔬菜为主，占全国钾肥消费总量的70%左右，年均需求量分别为200万t、180万t、130万t。烟草用钾量相对稳定，年均需求在20万t左右。长期稳定用钾肥的作物还包括胡椒、百合以及一些中草药，钾肥需求量约为32万t。糖料作物中甘蔗长期施用钾肥，总用量约为12万t。其他典型作物也施用钾肥，但钾肥施用不普遍也不稳定，例如，薯类作物每年用钾肥约为33万t，小麦约为25万t，玉米约为11万t，油料作物约为14万t，棉花约为6万t，茶叶约为1万t。苗木和经济林近年发展较快，钾肥用量较大，约为38万t。

四、我国有机肥钾资源丰富，替代化肥钾潜力巨大

(一)我国有机肥钾资源

我国有机肥资源十分丰富，其蕴含的养分数量也非常巨大。2010—2016年，我国有机肥养分资源平均总量约为7 500万t，其中，有机肥钾资源总量超过3 200万t。在我国农业生产钾肥需求量大、肥料钾资源有限的情况下，以优化有机肥料施用为基础，合理利用和配置有机钾资源，对优化农田生态系统的钾循环途径、增加钾资源的生物小循环数量和比例、提高钾资源的利用效率和提升土壤肥力具有重要意义。

(二)有机肥钾替代利用技术

有机肥钾替代利用技术是在有机肥-无机肥配合的施肥原则指导下，根据作物的需钾量、

土壤的供钾水平、有机肥的钾供应量及钾肥特性所确定的钾肥科学配制和施用技术。该技术在获得一定目标产量的情况下，充分考虑了有机肥钾资源的供应，利用有机肥钾替代部分化肥钾，减少化肥钾的用量，可实现钾资源的合理配置，提高钾资源的利用效率。主要通过以下步骤进行：

（1）确定目标产量。根据田间试验的结果，以肥料效应函数得到的最佳经济产量为目标产量；或以当地前三年的最高产量或平均产量为基础，增加10%～15%来确定目标产量（低产土壤：15%～20%；中产土壤：10%～15%；高产土壤：5%～10%）。

（2）确定目标产量的钾素吸收量。根据作物类型查阅相关资料，获得作物单位经济产量的需钾量。根据目标产量和单位经济产量需钾量计算目标产量钾素吸收量。

（3）确定需补充钾素量。根据土壤速效钾测试值，参考《中国主要作物施肥指南》（张福锁等，2006）或第二次土壤普查土壤速效钾分级标准，确定土壤速效钾供应水平。根据钾恒量监控技术，结合土壤供钾水平和目标产量钾素吸收量确定需补充钾素量。

（4）估算有机肥供钾量。根据投入有机肥类型查阅相关资料，获得有机肥含钾量，再根据有机肥用量和有机肥含钾量计算有机肥供钾量。

（5）计算需补充的化肥钾量。根据作物特性确定钾肥种类，利用需补充的钾素量和有机肥供钾量计算需补充的钾肥量。

（三）有机肥钾资源替代化肥钾潜力

作物秸秆中的有机肥钾资源丰富，作物吸收的钾素一般80%以上存留在秸秆中。20世纪80年代，我国农田秸秆钾资源总量约为900万t，秸秆几乎不还田。2007年，我国农田秸秆钾资源总量约为1 600万t，秸秆还田率约达到20%，秸秆钾还田量约为320万t。目前，我国秸秆还田率依然很低，通过秸秆还田增加有机钾肥的归还量仍具有较大潜力。

人畜粪尿中也含有丰富的有机钾肥资源。随着我国人口增长及畜禽养殖数量的增加，有机肥钾资源量随之增加，从1980年的940万t增加至2007年的1 500万t。但是目前我国人畜粪尿中的有机肥钾资源利用率较低，假如能够提升10%的还田率，将有150万t的有机钾可替代化肥钾。

五、科学管理农田钾素，合理施用钾肥

（一）我国农田钾素供应情况

基于全国第二次土壤普查（1980s）和测土配方施肥（2007年）数据，研究发现近30年我国土壤交换性钾含量持续增加，从20世纪80年代到2007年，土壤交换性钾平均增加了约25 mg/kg（95～120 mg/kg），增幅达29%。土壤交换性钾的增加主要是由于化学钾肥用量、秸秆还田量和有机肥施用量等的增加而增加。

2009年测土配方施肥数据表明，我国土壤交换性钾含量在区域间存在较大变异。西北、华北、东北区域的土壤交换性钾含量较高，分别为169、157、155 mg/kg；其次为西南、华中，分别为132、121 mg/kg；东南含量最低，仅为82 mg/kg。我国果树、蔬菜、玉米、小麦、棉花土壤交换性钾含量较高，均在150 mg/kg以上；大豆次之，为134 mg/kg；水稻、油菜、茶叶土壤交换

性钾含量相对较低，为 110～120 mg/kg。

(二)基于土壤钾素测试的钾肥推荐

土壤钾素测试是用于钾肥推荐的经典方法。该方法的具体步骤为：首先，选择适宜的土壤速效钾测定方法。在我国土壤条件下一般采用的速效钾测定方法为 NH_4OAc 提取法。其次，进行校验研究，建立丰缺指标。即在施肥推荐区选择 20～30 个不同钾素供应水平的地块，测定耕层土壤速效钾含量，安排全肥区和缺钾区的试验，用缺钾区产量除以全肥区产量获得相对产量，得到土壤速效钾测定值和相对产量的关系曲线；按相对产量高低和各地的具体情况，将土壤速效钾划分为极低、低、中、高、极高等 4～5 个丰缺等级。最后，针对每一个等级提出适宜的钾肥用量，制订施肥建议卡。根据土壤速效钾实际测定值推荐钾肥用量。

该方法建立在大量田间试验研究的基础上，对钾肥的推荐也具有较高的定量水平。但是土壤速效钾测定会受到采样时间、样品处理方法、土壤矿物组成、土壤缓效钾含量等因素的影响，且钾在土壤中的空间分布变异性较大。因此，对于不同区域的不同作物，钾素的丰缺指标和相应的施肥建议也不相同。

(三)肥料效应函数法

肥料效应函数法以田间试验为基础，通过施肥量与作物产量的数学关系计算最佳经济施肥量，进行施肥推荐。在氮钾、磷钾二因素或氮磷钾三因素肥料用量试验中(如 20 世纪 90 年代大量进行的“3414”试验)，用二元二次肥料效应方程或三元二次肥料效应方程拟合产量和施肥量之间的关系，通过边际分析的方法可以得到钾肥的最佳经济用量用于推荐施肥。但多元肥料效应方程的拟合成功率较低，且拟合过程常忽略土壤钾素供应水平高不需要施肥的情况，致使推荐施肥量偏高，造成不必要的肥料浪费和钾的流失。因此，在利用多元肥料效应方程进行钾肥推荐时，应结合一元肥料效应方程进行补充和优化。

对于单因素钾肥用量试验，在氮、磷充分满足作物需求的情况下，作物产量与施肥量之间的数学关系可用一元二次方程 $y=a+bx+cx^2$(式中 a、b、c 为参数，a 表示不施肥时的产量，b 表示开始阶段的产量增长趋势，c 表示肥料效应的曲率程度及方向)、平方根模型 $y=a+bx^{0.5}+cx$(式中参数含义同一元二次方程参数)和线性加平台 $y=a+bx(x<c)$ 和 $y=P(x\geqslant c)$(式中 a 为截距，b 为回归系数，c 为直线与平台的交点，P 为平台产量)、二次加平台 $y=a+bx+b_1x^2(x<c)$，$y=P(x\geqslant c)$(式中 b_1 为二次回归系数，其他参数含义同线性加平台参数)等加平台函数较好的拟合(其中，y 为作物产量，x 为钾肥用量)，通过边际分析方法或计算加平台函数的交点即可得到最佳经济施肥量。值得注意的是，对同一钾肥用量试验，应用不同的数学模型进行施肥推荐得到的最佳经济施肥量往往会有较大的差异，应根据经济效益或获得相近产量的情况下的最小施肥量确定钾肥推荐量。

(四)钾恒量监控技术

钾素在土壤中的移动性较弱，大多累积在根层土壤，能被根系活化利用。因此，只要将根层的钾维持在一个适宜的水平，作物就可以发挥其生物学潜力，高效利用钾养分。土壤与作物养分的供求关系的施肥调控，可采用恒量监控法。钾恒量监控技术首先确定适宜的根层养分浓度，当外界土壤供钾能力高于根层的养分浓度，就需要控制钾肥施用量。如果土壤中的钾供

应能力低于根层的养分浓度，就要通过适宜地施钾，提高土壤中钾的含量，使土壤中有效钾维持在稳定适宜的范围内。（详见附录）

六、科学施策，增强我国钾肥进口话语权

（一）根据我国农业需求控制进口数量

通过减少钾肥不合理用量，充分发挥国产钾肥和有机钾肥资源的作用，将化学钾肥消费量从750万t调整到400万～550万t K_2O，将进口量控制在150万～300万t K_2O，在确保粮食增产的前提下，降低国际上对中国钾肥需求过高的预期。例如，将我国化肥钾用量控制在400万t可以保证作物生产，扣除250万t自产钾肥，则进口量控制在200万t以内比较适当。目前市场可供化肥钾总量约为400万t，已基本满足作物施肥需求，可以停止控制进口以抵制国际垄断集团的高价勒索。同时，完善国家钾肥进口谈判机制，建议设立专门组织，代表全国工业和农业部门统一谈判。根据我国农业需求确定进口数量，监督进口钾肥的交易过程，将谈判价格公开化。

（二）用好有机肥钾资源，降低化肥钾需求

如果秸秆还田面积扩大10个百分点，钾肥用量可以再减少100万t左右。如果考虑蔬菜和果树施用300万～350万t有机钾肥，则果蔬钾肥用量可以大幅度降低。如果能够促进粮田施用有机肥，则北方多数地区粮田可以不施用钾肥。建议研究出台秸秆还田技术补贴政策和有机肥生产使用补贴政策，扩大有机肥施用量，以丰富的有机肥钾资源弥补无机钾肥资源的不足。

（三）扩大测土配方施肥，优化施肥结构

扩大测土配方施肥规模，尤其要重点做好果树、水稻和蔬菜等钾肥消耗大的作物的测土配方施肥技术指导。加强田间试验示范，科学制订施肥配方，根据区域和作物合理调整配方肥（复合肥）中的钾含量，优化施肥结构，减少不必要的钾肥投入。

（四）加大钾矿的勘探和多元化开发

为满足长期增长的需求，应该进一步加大投资，加强国内钾矿的勘探工作。据估测，我国未发现的卤水钾矿可达231亿t K_2O，是已发现资源量的35倍。过去半个世纪投入4亿元找到了现有的6.6亿t K_2O储量，即使考虑投入40亿元找到等量的钾矿，也比进口钾肥划算。我国海水提钾工程在钾肥价格暴涨的背景下也得到快速发展，如今已进入百万吨级开发阶段，应该加以引导和支持，尽快实现工业化生产。另外，我国不溶性钾矿物，如钾长石的含量超过100亿t，可以开发出含K_2O 4%～7%，并含有硅、钙、镁、铁、锰等中微量元素的肥料，应该加强研究、合理利用。

七、政府行动，钾肥价格应声而落

农业部办公厅印发了《2008年春季科学施肥指导意见》，给出各地主要农作物的推荐钾肥

施用量，提出适当加强秸秆还田、绿肥种植和有机肥施用补贴等政策。随着各项政策的实施，2009 年下半年国内钾肥价格回落到 2 400 元/t(图 7-2)，随后基本平稳。

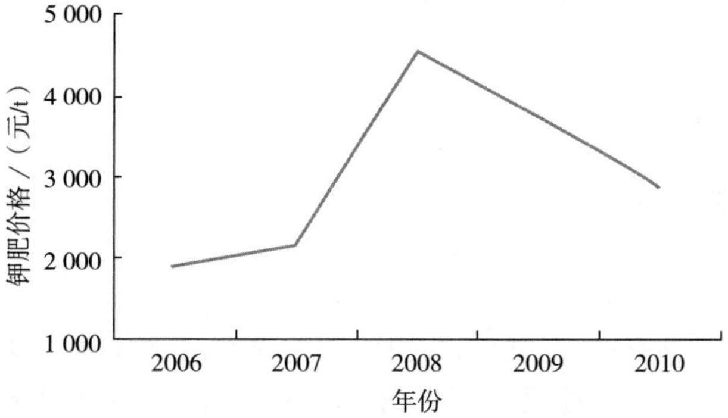

图 7-2　2006—2010 年国内钾肥价格

（数据来源：中国磷肥工业协会）

毫不夸张地说，肥料资源关乎 14 亿中国人的吃饭问题，肥料价格上涨对国家粮食安全、农产品保供和农民增收形成了严峻的威胁。该案例中，我们以农田养分资源综合管理技术为抓手，组织全国测土配方施肥专家组成员进行专题研讨，制订了相应的政策建议，有力地扭转了我国在国际钾肥贸易中的不利局面，打了一场漂亮仗。

思考题

1. 该案例对学习与应用专业知识有何启示？
2. 稳定钾肥价格的机制有哪些关键点？其中的科学性有哪些？
3. 通过学习本案例，宏观上对我国的钾肥管理有哪些建议？

参考文献

张福锁，陈新平，陈清，2009. 中国主要作物施肥指南. 北京：中国农业大学出版社.

张福锁，崔振岭，陈新平，2012. 高产高效养分管理技术. 北京：中国农业大学出版社.

张福锁，张卫峰，马文奇，2007. 中国化肥产业技术与展望. 北京：化学工业出版社.

张红宇，金继运，2003. 中国肥料产业研究报告. 北京：中国财政经济出版社.

中国农业科学院土壤肥料研究所，1994. 北方土壤钾素和钾肥效益. 北京：中国农业科学技术出版社.

附 录

【材料一】 恒量监控法

1. 恒量监控法的理论基础

恒量监控技术以土壤测试法为基础，找出能将土壤根层速效钾含量持续控制在临界水平范围内的施钾量，以此作为施肥建议，并在一定的时空范围内将土壤速效钾调整到既能保障稳定高产，又不会对环境造成威胁的合理范围内。在土壤速效钾养分处于极高或较高水平时，采取控制策略，使不施钾肥或施肥量等于作物带走量的 50%～70%；在土壤速效钾养分处于适宜水平时，采取维持策略，使施肥量等于作物带走量；在土壤速效钾养分处于较低或极低水平时，采取提高策略，使施肥量等于作物带走量的 130%～170%或等于吸收带走量的 200%。以 3～5 年为一个周期，3～5 年监测一次，调整钾肥的用量(附图 7-1)。

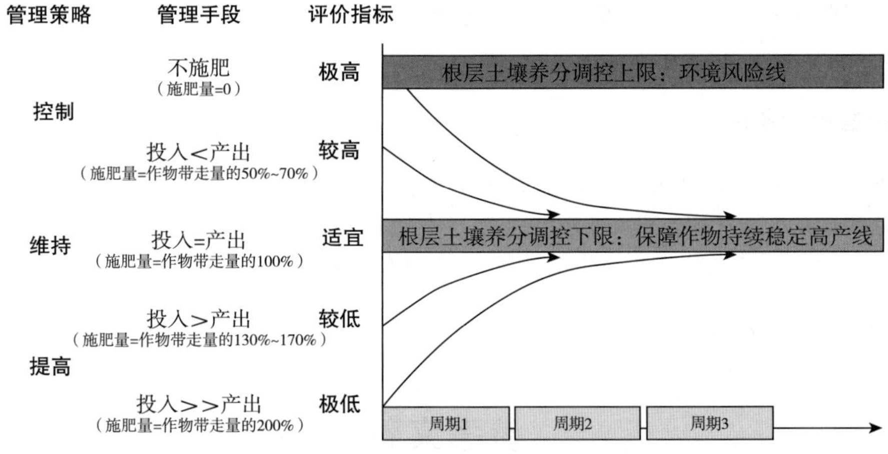

附图 7-1 钾素资源恒量监控原理示意图

2. 恒量监控法的技术指标

恒量监控法并不强调一块地或年度施肥量的精确计量，因而简化了农事操作，提高了生产效率，便于在生产实践中推广应用。针对钾恒量监控技术有三个要素：第一，确定适宜的根层钾水平；第二，基于养分平衡进行恒量调控，供钾能力强的少施肥，供钾能力弱的多施肥；第三，3～5 年进行一个周期的监测，使土壤中钾的浓度维持在适宜的范围内。

恒量监控法推荐钾肥在提高产量、节约资源、防止土壤过度培肥等方面起到了很好的作用，但随着现代化进程的加剧，农业面源污染问题日益突出，需要新的指标体系划分农业高风险区域，并针对这些区域制订更加严格的磷肥推荐方法。

第八章

氮肥产业升级助力农业双碳目标的实现

Upgrading of nitrogen fertilizer industry helps achieve the goal of dual carbon in agriculture

摘要:在全球范围内,减少过多的氮损失和温室气体(GHG)排放是 21 世纪生态环境的核心挑战。合成氮肥是一个能源消耗密集型和污染排放严重的行业。本案例对我国氮肥生产—施用全链条进行生命周期环境评价,对我国不同氮肥生产和消费链的碳足迹进行量化,确定氮肥产品结构调整产业升级战略。结果表明,通过产品结构调整:①将传统的低 GHG 排放的氮肥(尿素硝铵、硫酸铵、硝酸铵等)替代尿素,实现多元氮素协同供应;②在低 GHG 排放的氮肥替代基础上,尝试全部转变为新型氮肥(稳定性肥料或控释肥),氮肥产业的碳足迹由 2020 年的 228.5 Tg CO_2-eq/a 下降到 174.4～181.6 Tg CO_2-eq/a,相当于减少了 20.5%～23.7%。同时,通过人工合成氮肥生产技术的升级,氮肥全链条碳足迹进一步减少 34.8 Tg CO_2-eq/a,这将使我国氮肥产业温室气体总排放量减少到 139.6～146.8 Tg CO_2-eq/a。

Abstract: Globally the reduction of excessive N losses and greenhouse gas (GHG) emissions is a central environmental challenge in the 21st century. Synthetic nitrogen (N) fertilizer is a serious energy intensive consumption and pollution discharge industry. This case conducts a whole-chain life cycle assessment for nitrogen fertilizer industry and quantifies the carbon footprint of different N fertilizer production and consumption chains to determine reform strategies for the inorganic nitrogen fertilizer industry in China. Results show that, through changing product structure, i. e. , ①traditional nitrogen fertilizers with low GHG emission (UAN, AS, AN) are used to replace urea; ②next-generation fertilizers (controlled-release fertilizer and stabilized fertilizers) are used to replace traditional nitrogen fertilizers, the carbon footprint of the N fertilizer industry could be reduced to 174.4～181.6 Tg CO_2-eq/a from 228.5 Tg CO_2-eq/a in 2020, equivalent to a 20.5%～23.7% reduction from current emissions. Through the upgrading of synthetic N fertilizer production technology, the carbon footprint of N fertilizer chain can be reduced by 34.8 Tg CO_2-eq/a. Such reductions would reduce China's total GHG emissions to 139.6～146.8 Tg CO_2-eq/a.

关键词:碳核算;生命周期评价;氮肥产品结构;温室气体排放

Key words: carbon accounting; life cycle assessment; product structure of nitrogen fertilizers; greenhouse gas emissions

【适用课程】 土壤与环境质量

【教学目的与要求】 了解我国氮肥产业和政策的发展历程；了解不同氮肥类型从生产到施用过程的温室气体排放因子差异；了解生命周期评价的应用形式；明确新型肥料替代传统化肥对温室气体减排的重要意义。

【案例知识点】 我国氮肥产业政策的演变背景、政策变化的核心内容及产品结构变化趋势；氮肥链的生命周期评价及碳足迹核算；新型肥料作用原理和减排效果。

【撰写时间】 2022 年 6 月 24 日

当前，全球正处于百年未有之大变局，经济全球化进入深度调整期。全球性问题加剧了世界经济发展的不稳定性和不确定性。尤其是新冠肺炎疫情的全球蔓延，加快了大变局的演进速度。其中，全球生态环境恶化是当前社会面临的最为严峻的挑战之一。在人类社会发展的历史进程中，随着科学技术和生产力水平的不断提高，人类认识自然和改造自然的能力不断加强，自进入工业文明时代以来，资本在追求巨大财富的同时，也加速了对自然资源的攫取，严重破坏了地球生态系统平衡，人与自然的深层次矛盾日益突出。近年来，生物多样性丧失、荒漠化加剧、极端气候事件频发，给人类的生存与发展带来了严重的威胁。2008 年，联合国气候大会提出“绿色新政”概念，促进绿色经济增长和就业。发展低碳经济和可循环经济得到世界各国认同。

自党的十八大以来，我国对生态文明建设给予了前所未有的重视，把生态文明建设放在了全局工作的突出位置，开展了一系列根本性、开创性和长远性工作，加快生态文明顶层设计和制度建设，决心之大、力度之大、成效之大前所未有。2015 年，《中共中央 国务院关于加快推进生态文明建设的意见》和《生态文明体制改革总体方案》对生态文明建设做出全面部署，中央和地方出台一系列有力政策措施，淘汰落后工业产能、加大环境治理、打响蓝天保卫战，建立并实施中央环境保护督查制度，大力推动绿色发展，深入实施大气、水、土壤污染防治三大行动计划。2016 年 9 月 19 日，我国率先发布《中国落实 2030 年可持续发展议程国别方案》。2020 年 9 月 22 日，在第 75 届联合国大会上，我国提出将提高国家自主贡献力度，采取更加有力的政策和措施，二氧化碳排放力争于 2030 年前达到峰值，努力争取 2060 年前实现碳中和。在这一国家战略驱动下，绿色低碳成为各行各业发展的目标。

农业生产是农业农村实现碳达峰、碳中和的重要环节。据估计，农业生产活动产生的温室气体氧化亚氮（N_2O）占我国 N_2O 排放总量的 62.4%，目前农业生产活动产生的氮排放已经超出地球可以承受的安全范围。然而，为了养活持续增长的世界人口，对氮肥的需求还将持续增加，预测到 2050 年对氮肥的需求将达到 2.36 亿 t。现在，中国是最大的氮肥生产国与消费国，提高氮肥的利用率并减少其对环境的负面效应对实现“双碳战略”具有不可替代的作用。那么，中国氮肥工业是如何从无到有实现在国际市场上占据一席之地的呢？作为农业过程中碳排放的重要源头，氮肥生产及施用过程的碳排放量到底有多少？如何减少氮肥生产到施用全链条的碳排放呢？

一、氮肥制造业在我国的发展历史

我国氮肥工业始于 20 世纪 30 年代。经过 90 多年的发展，我国氮肥产业经历了从无到有、从整体引进到技术改造，再到自主创新的全过程。氮肥工业的快速发展从根本上保证了我国农业连续十几年的高产稳产，为确保国家粮食安全起到重要作用。氮肥行业从无到有可大体分为 4 个阶段，即起步阶段、引进国外技术阶段、消化吸收及自主创新阶段、转型调整阶段。

(一)起步阶段

在新中国成立初期的 20 世纪 50—60 年代，为满足国内氮肥需求，我国采用自主技术建设了一批小氮肥厂，一类产品主要为碳酸氢铵，其年生产能力在 4 万 t 以下；另一类产品为尿素或硝酸铵，其年生产能力在 6 万～12 万 t，主要采用以无烟煤为原料的固定层气化技术。这些小氮肥厂便是我国氮肥工业的雏形，到 20 世纪 70 年代初有 1 500 余家，产量远不能满足市场需求。

(二)引进国外技术阶段

20 世纪 70—90 年代是我国氮肥工业大发展时期，根据各地资源条件，分别以天然气、石脑油、重油、无烟煤和焦炭等为原料，建设了大量的合成氨生产装置。首先是 1973 年先后从美国、日本、荷兰等引进了 13 套大化肥装置，3 套以石脑油为原料，10 套以天然气为原料。后续又陆续引进了以渣油、块煤、水煤浆和天然气为原料的 19 套大型氮肥装置。到 2003 年底，我国拥有 32 套大型合成氨装置，初步形成了大、中、小规模齐全，煤、油、气原料丰富，氮肥产品种类多样的格局。

(三)消化吸收及自主创新阶段

20 世纪 90 年代是我国氮肥工业由计划经济向市场经济过渡的阶段，这一时期主要以氮肥厂工艺技术升级改造、产能提升为主。通过引进的新装置的投产和老装置的改造，行业规模不断扩大，技术国产化水平逐步提高。20 世纪 90 年代后期，国家对化肥生产企业采取了一系列有别于一般工业的特殊补贴和支持政策，积极促进了引进技术的转化和吸收，鼓励并开发自主技术的关键设备和生产装置，加快了氮肥自给能力的提高。2000 年实现氮肥自给自足，2003 年由氮肥进口国转为氮肥净出口国。

2004 年底，随着山东华鲁恒升集团有限公司的首套大氮肥示范装置成功运行，我国大氮肥装置国产化时代正式开启。这一时期是我国氮肥发展的黄金阶段，一系列代表先进水平的自主技术得以推广，包括新型煤气化技术、大型低压氨合成技术等。同时开启了氮肥行业原料结构调整的大门：先是进行了“煤代油”和“油改气”的原料路线改造，随后开展了先进煤气化技术替换无烟煤间歇气化的原料路线改造。“十二五”以来，我国氮肥总量保持加速增长态势，年均增速超过 5%，至 2015 年我国氮肥产能达 6 050 万 t(折纯)，产量达 4 791 万 t(折纯)，产能和产量居世界首位。

(四)转型调整阶段

2015 年农业部发布《到 2020 年化肥使用量零增长行动方案》，化肥行业发展回归理性。2016 年，受产能过剩、优惠政策取消、环保治理等多重压力影响，氮肥行业亏损 98 亿元，规模以上氮肥企业亏损面过半，而规模以下企业几乎全部亏损。自《到 2020 年化肥使用量零增长行动方案》实施以来，我国氮肥产量开始逐渐下降，到 2018 年下降至 3 457.12 万 t。后续，因国家调整种植结构，粮食等农作物播种面积开始上涨，带动氮肥产量的回升。2020 年我国氮肥产量为 3 702.48 万 t，同比增长 4.1%。当前，在国家全面实施供给侧结构性改革及全面推进全产业转型升级的背景下，氮肥产业将面临诸多新的挑战和新的发展机遇。

二、氮肥产业的政策演变

产业升级与调整离不开政策的变迁，市场是看不见的手，政府干预是看得见的手，国家对产业政策的合理引导，对实现资源优化配置有着关键作用。我国作为国际氮肥市场的主导力量，1990—2009 年，贡献了 61%的全球氮肥增长的产量和 52%的全球增加的氮消耗量。2015 年，我国共生产 47.2 Tg N，其中 30.1 Tg N 用于农业，占全球农业氮肥用量的 30%。因此，我国氮肥产业对全球氮肥的生产、消费及其导致的环境排放风险有着重要影响。我国政府积极响应控制全球气候变化的号召，对氮肥制造相关政策的制定做出相应调整。与氮肥工业的发展历程相辅相成，氮肥行业的产业政策也经历了从大力扶持，逐渐过渡到调整和限制阶段。与氮肥行业相关的主要政策按政策类型和年份汇编如下(图 8-1)。

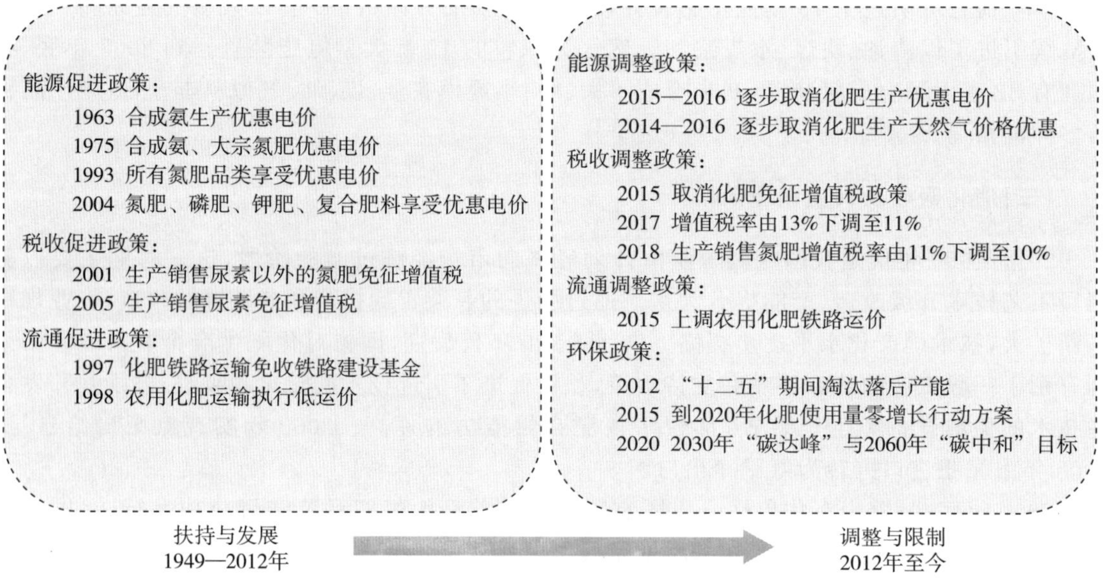

图 8-1 我国氮肥生产相关政策演变

根据化肥流通体制改革和化肥市场化改革，我国氮肥定价机制经历了 4 个时期：

①完全计划经济阶段(1949—1985 年)。为促进氮肥的生产和应用，国家实行统购统销、无利可图的政策。

②双轨价格政策阶段(1986—1997 年)。国家已开始实施氮肥价格管理的计划内和计划外双轨价格政策。氮肥价格上涨较快，氮肥倒卖现象严重。

③不完全市场化阶段(1998—2013 年)。政府实行市场定价与政府指导价相结合的定价方式，规范氮肥行业市场秩序。在此期间，国际化肥市场价格的变化对国内价格产生了显著影响。

④新时代中国特色市场经济阶段(2013 年至今)。政府逐步取消对氮肥的各项优惠政策，

基本回归氮肥的一般商品属性。让市场决定资源配置，构建开放统一、竞争有序的市场，政府在必要时对市场进行监管。

除价格政策外，政府对氮肥产业发展的调控还通过以下政策进行：

①能源政策。通过国家发展和改革委员会为化肥生产企业提供电力补贴。自1963年实施合成氨电价优惠政策以来，到2004年，许多化肥生产企业被纳入优惠政策。2014—2016年，优惠政策逐步取消。

②税收政策。2001年，除尿素以外其他氮肥的生产销售免征企业增值税。从2005年起，生产尿素免征企业增值税。该政策是迄今为止最大的补贴计划，到2015年被取消。但为消除化肥价格变动对粮食生产的负面影响，2017—2018年，氮肥产销增值税税率由13%逐步下调至10%。

③流通政策。1997—2015年免征化肥生产企业铁路建设资金，降低运输价格。2015年以后，农用化肥铁路运价有所上调。

④环保政策。2010年后氮肥产能过剩，"十二五"规划提出，以新的优势产能替代落后产能，降低合成氨综合能耗。2015年，提出《到2020年化肥使用量零增长行动方案》。该政策的实施是我国实现农业绿色发展转型的重要转折点。2020年，我国提出2030年"碳达峰"和2060年"碳中和"目标，对氮肥产业绿色低碳发展提出了新要求。

新中国成立后，氮肥制造业一穷二白，在多种政策的引领下，我国氮肥制造业从无到有并实现产品出口，在国际市场上占据一席之地。但是行业高速发展带来的环境风险及产能过剩等问题也一一浮现，因此政府果断进行干预，引导行业良性发展。合理掌握行业发展的政策脉络对自上而下分析行业发展有重要意义。

三、氮肥产品结构演变

伴随着氮肥制造业的发展，我国氮肥产品结构也发生着重大转变，可简单理解为从低浓度氮肥转向高浓度氮肥。新中国成立初期，我国只有少量的硫酸铵（AS）和硝酸铵（AN）。20世纪60—70年代，由于国外技术封锁，我国只能自力更生发展碳铵（ABC）。1997年以前，我国产量最大的氮肥品种是ABC。1997年，尿素成为第一大氮肥品种，ABC逐渐被尿素取代。氯化铵（ACl）来自联碱副产，随着联碱产能扩张而增加。AS主要是己内酰胺、丙烯腈、氰尿酸等化工产品和焦化、钢铁、电力、煤化工等行业尾气治理的副产品，2015年以来增长速度迅猛。AN产量在2002年以前一直保持稳定增长，自2002年起，由于AN被纳入民爆产品管理，不能直接用作农用氮肥，短期内产量出现下降。直到2004年开始，随着国内基础设施建设加快，民用爆破器材需求旺盛，AN产量进入快速增长期，并于2015年达到顶峰后进入结构调整期，产量有所下降。近年来，利用AN为原料的复合肥产品发展较快，AN产量又有所增长。自2000年以来，随着国家提倡科学施肥、平衡施肥和测土配方施肥，复合肥市场需求逐年增加，部分企业利用合成氨生产的二元（磷酸一铵、磷酸二铵、硝酸磷肥）、三元复合肥产量也呈增长趋势。

具体分析合成氨与不同氮肥产品结构占比可知，2002—2015年，我国氮肥产量呈现快速增长趋势（图8-2）。2002年合成氨总产量为30.1 Tg N，氮肥总产量为27.4 Tg N。2015年合成氨总产量比2002年增加82.7%，达到55.0 Tg N，为合成氨生产高峰期。同时，氮肥产量也在 2015 年达到峰值，为 47.9 Tg N，比 2002 年增长 74.8%。2015 年后，为响应国家“化肥零增长”倡议，2016—2018 年合成氨产量连续三年呈现负增长。2015—2016 年，合成氨产量负增长幅度最大，达到 −9.09%，到 2018 年合成氨产量稳定在 46.0 Tg N。2020 年出现小幅度回升（48.8 Tg N）。随着合成氨产量下降，氮肥产量呈现类似趋势，2015—2016 年负增长 12.8%。可见，政策影响造成的市场萎缩对氮肥产量产生了巨大影响。

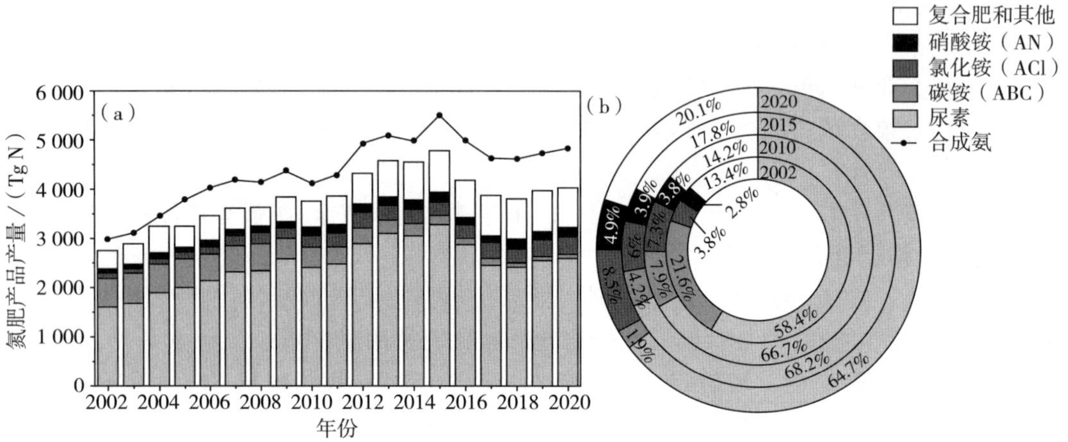

图 8-2　我国氮肥产品产量占比变化

（改自 Zhang et al., Proceedings of the National Academy of Sciences of the United States of America, 2013; Li et al., Frontiers of Agricultural Science and Engineering, 2022. 数据由氮肥工业协会提供）

在此期间，氮肥产品结构也发生了重大变化（图 8-2）。2002—2015 年，尿素产量占比从 58.4% 上升到 68.2%，而 ABC 从 21.6% 下降到 4.2%。到 2020 年，ABC 占比进一步下降至 1.9%。受其他氮肥品种占比增加和尿素价格波动的影响，2020 年尿素占比较 2015 年下降了 3.5%。到 2020 年，ACl 占比略有增长，达 8.5%。2020 年 AN 产量为 2.0 Tg N/a，占氮肥总产量的 4.9%。复混肥和其他肥料的产量占比从 2002 年的 13.4% 增加到 2020 年的 20.1%。

四、如何评价氮肥在生产—施用全链条的碳排放

在充分了解氮肥制造业的发展历程后，如何用科学的方法量化氮肥行业从生产到施用过程中的碳排放呢？正如前文所述，氮肥产品多种多样，不同氮肥产品又存在着生产、施用两种截然不同的温室气体排放过程。量化不同氮肥、不同过程的碳排放量，才能更好地认识氮肥链的碳排放情况，为下一步针对不同氮肥及不同过程研究制定有针对性的减碳策略奠定基础。在此，首先介绍一种定量评价方法，即生命周期评价（life cycle assessment，LCA）。

生命周期评价法是一种评价产品、工艺过程或活动从原材料的采集和加工到生产、运输、销售、使用、回收、养护、循环利用和最终处理整个生命周期系统有关的环境负荷的过程。作为一种评估产品在整个生命周期体系中的所有投入及产出对环境造成潜在影响的方法，LCA 法近年来逐渐被国内外学者应用于农业领域研究。由于化肥的生产不同于一般工业产品生产，处理过程的碳排放受原料种类和工艺条件的影响较大，针对肥料的生命周期系统分析总体来说尚处于起步阶段。常用的生命周期评价软件有 SimaPro、Gabi、Open LCA 等。

生命周期评价方法的第一步就是划定评价范围。以本案例为例，将从合成氨的生产开始，到氮肥的农田施用结束，评价不同类型的氮肥在整个生命周期内的环境效应，案例的系统边界包括氮肥生产、施用过程，田间施肥过程的排放包括施氮造成的直接和间接 N_2O 排放(图 8-3)。

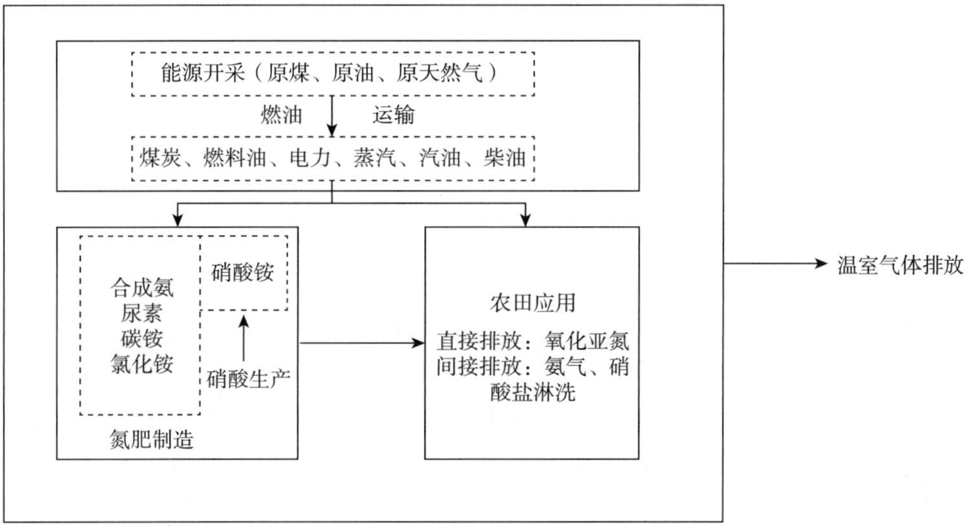

图 8-3　本案例系统边界划定

系统边界确定后，进行数据清单分析。LCA 的清单分析主要为量化和评价所有研究的产品、工艺或活动整个生命周期阶段资源和能量使用以及环境释放的过程，编制与研究系统相关的输入和输出数据清单。该阶段是生命周期评价的核心。为确保清单分析质量，需要对调查数据、试验数据、文献数据等进行分类、确认和有效性检验，最终形成针对系统各环节的清晰、全面、客观的数据清单。氮肥链不同阶段的排放因子及碳排放量计算方法见附录。

(一)氮肥生产过程的碳排放量

通过前文讲述的计算方法，我们可以尝试计算氮肥链中不同环节的碳排放量。从氮肥合成阶段开始，合成氨工业几乎是所有氮肥产品的生产源头。合成氨工艺也是氮肥生产中能耗最高的环节，其能耗水平直接关系到氮肥生产成本。在此阶段，最重要的输入数据清单是合成氨过程的生产原料及消耗情况。我国合成氨以煤炭和天然气为主要原料，其中煤炭占 76%，天然气约占 21%。合成氨的能耗、生产过程及其规模都会影响最终的能耗。我国合成氨综合能耗从 1980 年的 3 296 kg tec $t\ N^{-1}$ 下降到 2010 年的不足 2 000 kg tec $t\ N^{-1}$。

由于工农业对合成氨的需求增加，2002—2015 年合成氨的产量从 30.9 Tg N 上升到 66.8 Tg N，合成氨的总能耗增加到 87.5 Tg tec/a，比 2002 年增长 35.2%。由于合成氨产量的快速增长，温室气体排放量从 2002 年的 153.5 Tg CO_2-eq/a 增加到 2015 年的 214.4 Tg CO_2-eq/a。2015 年后，合成氨产量下降，到 2020 年，总能耗下降 11.9%，达 77.1 Tg tec/a，温室气体排放量降至 189.3 Tg CO_2-eq/a。

作为合成氨的下游产品，氮肥种类不同，合成氨转化为氮肥过程中的能耗也不同(表 8-1)。尿素是中国最重要的氮肥，经过产业升级，碳排放因子由 6.3 t CO_2-eq $t\ N^{-1}$ 下降到 5.1 t CO_2-eq $t\ N^{-1}$，碳排放量下降的主要原因是氨合成过程能耗的降低。

表 8-1　合成氨和不同氮肥生产过程中温室气体排放因子

氮肥种类	中国的排放因子/(t CO_2-eq t N^{-1})		先进技术的排放因子/(t CO_2-eq t N^{-1})
	产业升级前	产业升级后	
合成氨	5.1	3.9	2.64
尿素	6.3	5.1	2.52
碳铵(ABC)	5.4	4.2	—
硝酸铵(AN)	11.0	9.8	3.03
氯化铵(ACl)	5.4	4.2	—
硫酸铵(AS)	—	0.35	0.11
复合肥和其他	—	6.1	—
尿素硝铵(UAN)	—	—	2.44

改自 Zhang et al.，Proceedings of the National Academy of Sciences of the United States of America，2013。

以 AN 为代表的硝态氮肥是生产过程中温室气体排放量最高的肥料。主要原因是 AN 生产以硝酸为主要原料，而生产硝酸会排放 N_2O。虽然硝酸生产过程通过放热反应可提供 7.1 GJ・t N^{-1}的热量(Kongshaug，1998)，能够降低燃料的消耗，但是该反应同时会产生 N_2O，世界排放因子平均为 8.1 t CO_2-eq t N^{-1}。产业升级后，我国 AN 生产过程的温室气体排放因子为 9.8 t CO_2-eq t N^{-1}，优化合成氨技术后对减排贡献为 1.2 t CO_2-eq t N^{-1}，但还是远高于世界先进技术 AN 生产的排放因子(3.03 t CO_2-eq t N^{-1})。可见，我国对 AN 的产业技术创新应从控制硝酸生产过程中的 N_2O 排放入手，通过 N_2O 分解技术可将 N_2O 排放量降低70%～95%。

ABC 是中国小型氮肥厂的主要氮肥产品。它利用合成氨生产过程中的变换气进入浓氨水塔，吸收变换气中的 CO_2，生成 ABC。这个过程固定了 CO_2，因此温室气体排放量较低。随着氨合成能耗的降低，ABC 生产过程中的碳排放因子从 5.4 t CO_2-eq t N^{-1}减少到 4.2 t CO_2-eq t N^{-1}。

中国铵态氮肥的主要来源是化工和钢铁行业。ACl 的生产不会导致额外的温室气体排放。因此，基于我国合成氨生产的排放计算，得出 ACl 生产环节的 CO_2 排放因子为 4.2 t CO_2-eq t N^{-1}。AS 作为钢铁的副产品，缺乏能源记录，因此使用 0.35 t CO_2-eq t N^{-1}计算。

UAN 是液态氮肥的主要品种。其生产工艺是将 AN 和尿素熔化，然后搅拌冷却，附加能耗约为 0.7 GJ・t N^{-1}。与固体肥料造粒干燥工艺相比，能耗明显降低。利用先进技术生产尿素硝酸铵溶液得到 CO_2 排放因子为 2.44 t CO_2-eq t N^{-1}。在美国，通过管道和液体储存运输 UAN，可以减少制粒、包装、运输等环节的碳排放。但 UAN 生产在中国仍处于起步阶段，缺乏相应的储运条件。

因此，在“双碳”背景下，企业应注重绿色低碳技术开发及应用，研究发展成本低、效益好、安全可靠、减碳效果明显，具有推广前景的低碳或零碳技术，这对实现氮肥工业碳减排具有重要意义。

(二)氮肥施用过程的碳排放

氮肥产品的科学施用是提高农田利用效率、增产和保护环境的有效途径之一。施入土壤的化学氮肥在土壤中将经过一系列的化学变化，最终以 N_2O 排放、NH_3 挥发、径流及淋溶形式损失，仅有少部分氮素被植物吸收或保存在土壤中供下季作物使用。其中，N_2O 作为重要的温室气体，其增温效应是 CO_2 的近 300 倍。在折算氮肥施用过程中的碳排放时，我们将不同形式的氮排放通过公式折算为碳排放。

不同肥料的化学组成不同是其最终排放因子出现差异的最直接原因，不同肥料在施用过程中的排放因子是氮肥施用过程最重要的输入数据清单(表 8-2)。尿素和 ABC 是各种氮肥中气体损失率最高的产品，排放因子分别为 8.24 t CO_2-eq t N^{-1}、7.03 t CO_2-eq t N^{-1}，AS 的排放因子最低，为 3.95 t CO_2-eq t N^{-1}。除 ABC 和 AS 外，其他肥料的排放因子仅为尿素的 47.9%～80.3%。在直接 N_2O 排放的贡献方面，尿素(1.45%)、ABC(1.20%)和 ACl(1.16%)较高，而 AS 的直接 N_2O 排放量仅为 0.60%。在 NH_3 挥发方面，尿素和 ABC 均在 12%以上。对于铵态氮肥，由于 NH_4^+ 的存在，土壤中的性质变化导致较高的 NH_3 挥发，如 AS(6.4%)和 ACl(7.4%)。

表 8-2　不同肥料施用过程的温室气体排放

氮肥产品	直接排放	间接排放		排放因子/
	N_2O 排放/%	NH_3 挥发/%	淋洗和径流/%	(t CO_2-eq t N^{-1})
传统肥料				
尿素	1.45	12.9	24	8.24
碳铵(ABC)	1.20	12.1	24	7.03
硝酸铵(AN)	1.07	2.1	24	5.95
氯化铵(ACl)	1.16	7.4	24	6.62
硫酸铵(AS)	0.60	6.4	24	3.95
复合肥和其他	—	—	—	5.20
新型肥料				
硝化抑制剂(NI)	0.49	10.2	13.3	3.26
脲酶抑制剂(UI)	1.20	4.7	27.2	6.79
控释肥(CRF)	0.91	3.9	8.2	4.71
液体肥料				
尿素硝铵(UAN)	1.09	4.3	13.2	5.77

数据根据贺盼，中国农业大学硕士论文，2010；Li et al.，Global Change Biology，2018；Mazzetto et al.，Atmospheric Environment，2020 整理。

UAN 作为一种多组分液体氮肥，在施用过程中的氮损失量比尿素低 30%。AS 替代尿素每提供 1 t 氮，可减少 4.29 t CO_2 排放，节能减排潜力显著。因此，合理调整氮肥结构对减少氮肥施用过程中的氮素损失具有重要意义。

为了提高农田系统氮素利用效率，氮肥行业一直在不断进行产品升级，以减少氮肥施用的损失。稳定性肥料和控释肥是最近应用广泛的具有提高氮肥利用率和增产效果的新型肥料。稳定性肥料是指在肥料生产过程中添加脲酶抑制剂(UI)或硝化抑制剂(NI)的一种肥料。综合全球 203 个样本数据分析表明，UI 可分别降低 63.2%的 NH_3 挥发和 17.3%的 N_2O 损失；NI 可降低 53.9%的 N_2O 排放和 44.6%的 NO_3^- 淋洗，但增加 15.3%的 NH_3 挥发。此外，不同的作物制度、土壤类型和气候条件影响抑制剂的降解时间和效果。IFA 预测 2026 年全球新型肥料市场规模将达到 3 570 万 t，占化肥总量的 8%。但新型肥料在我国发展缓慢，2021 年产量约为 190 万 t，仅占化肥总量的 1.7%（图 8-4a）。

控释肥能控制养分释放时间，使养分释放与作物需求相匹配。同时大量研究表明，控释肥可以分别减少 65.9%的 NO_3 淋洗、70.2%的 NH_3 挥发和 37.5%的 N_2O 损失。2000 年，全球控释肥消费量约为 60 万 t，中国消费量不足 0.05 万 t。近年来，随着我国政府鼓励新型肥料的研发，新型高效肥料得到了迅速发展。如图 8-4(b)所示，2010 年，中国控释肥产能达到 180 万 t，产量为 82 万 t；2021 年，产能达到 363 万 t，产量达到 139 万 t。10 年间，产能和产量年均增速分别为 6.5%和 5%。国内控释肥产品主要有树脂包膜肥、硫包膜肥和无机包膜肥。从种类上看，树脂包膜肥料发展最快。熔融磷酸钙镁是我国自主研发的缓释技术。包衣材料采用钙、镁、磷矿粉等无机肥料。近 10 年来，控释肥产能和产量一直相对稳定，产能保持在 40 万～60 万 t。

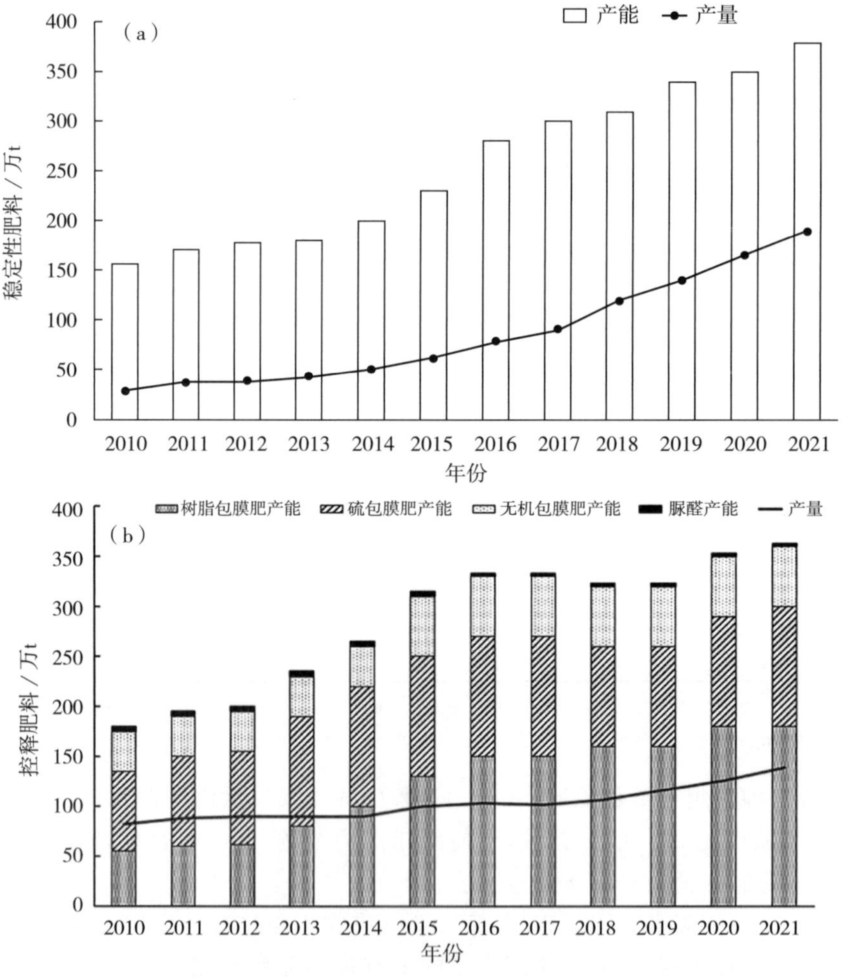

(a)稳定性肥料的生产能力和产量变化；(b)控释肥的生产能力和产量变化

图 8-4　2010—2021 年中国新型肥料产能与产量变化

（数据由中国化工信息中心提供）

通过对不同氮肥种类施用过程中排放因子的分析可知，在现有氮肥产品结构中，增加稳定性肥料和控释肥比例对降低氮肥施用过程中的碳排放具有重要意义。随着我国农业绿色发展步伐的加快，新型肥料将成为重要的产品类型。

五、中国氮肥产业低碳改革路径——从调整产品结构开始

仅关注生产工艺和资源状况，忽视化肥与农业发展的匹配，是我国氮肥利用率低的重要原因之一。从前期对政策发展、不同氮肥排放因子的介绍中可以看出，当前农业在选用氮肥产品时仅考虑总氮量，缺乏“养分协同”“低碳绿色”的肥料认识。“什么便宜生产什么”“什么氮含量高用什么”的想法在企业生产端与农户应用端普遍存在，导致中国的氮肥种类极不平衡，酰胺态氮与铵态氮产品占据 90％以上的市场份额，具有较高环境成本的普通尿素成为氮肥产品的主流。在德国，为保证养分协同供应，以铵态氮和硝态氮的配施为基础理念，开发的硝酸盐产品占比约为 27.7％，所有产品中硝酸铵钙占比最大，约为 45.4％。欧美发达国家的学者认为，氮肥产品物理性状多样化是提高氮肥利用率的可行方法。因此，美国大力发展液体氮肥，例如液氨、尿素硝铵，其液体氮肥料产品占比超过 45％。

结合不同肥料的排放因子与养分协同增效理论，我国今后氮肥产品结构应以多形态氮肥产品供应为主。液体氮肥的生产、储运、施用过程需要更完善的设施配套体系，例如，在运输液氨时需要加压罐装车，施用时需要完善的水肥一体化设施等。但现今我国农业生产仍以小农户为主，相应设施不完备，普及率低，导致以液体氮肥为主的产品结构在我国难以推行。因此，我国氮肥产品结构发展可考虑与德国的产品结构类似，通过铵硝协同供应提高肥料利用率；同时根据未来的水肥一体化发展趋势，适当提高液态氮肥料比例，实现全新的低碳氮肥产品结构(图 8-5)。

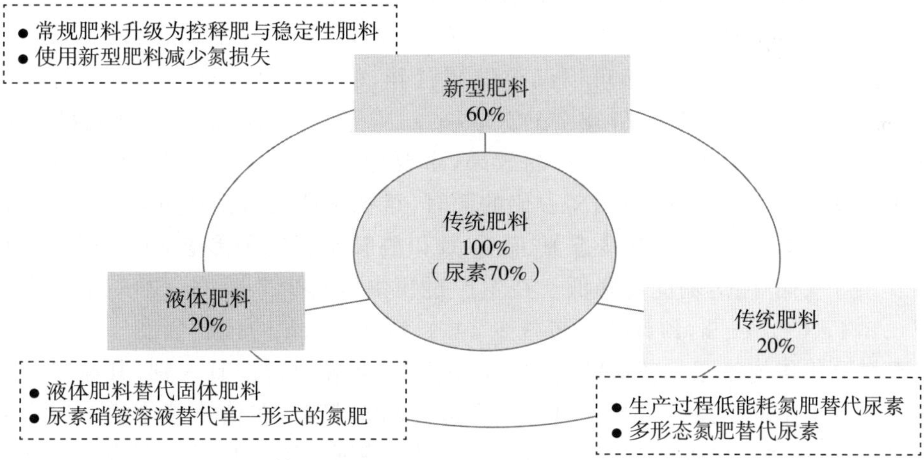

图 8-5　中国氮肥产品结构改革模式示意图

根据 IFA 的数据，我国硝态氮肥的比例仅为 0.3％。氮肥产品种类繁多，比例随市场变化略有波动。因此，参考 2015—2020 年这 6 年不同产品的平均占比，并以此作为当前的产品结构来解析今后产品结构改革的效果。将硝态氮肥占比提高至 20％；将尿素的比例降低到 20％，降低部分的养分被 AS、AN 和 UAN 取代；保持 ACl 比例和复合肥产量。这样，氮肥产品中尿素∶铵态氮肥∶硝态氮肥的比例可以达到 3∶5∶2，与目前的比例(7∶2∶1)相比，产

品结构调整后，各种氮营养物质的供应更加协调（表 8-3）。

表 8-3　中国未来氮肥结构表（产品占比计算基于纯 N）

氮肥种类		现在	产品结构调整目标
主要氮肥产品/%	尿素	65.4	20
	碳铵（ABC）	2.8	0
	氯化铵（ACl）	7.5	10
	硫酸铵（AS）	5.0	20
	硝酸铵（AN）	4.0	20
	复合肥和其他	16.0	15
	尿素硝铵（UAN）	—	15
氮肥产品类型/%	传统肥料	99.5	20
	新型肥料	0.5	50～60
	液体肥料	0	10～20

改自 Li et al.，Frontiers of Agricultural Science and Engineering，2022。

据国家统计局数据显示，2020 年我国农田氮肥投入为 18 Tg N。在维持现有施氮水平的情况下，采用情景假设法评估氮肥产品结构改善对氮肥全链条温室气体减排的效果。

AS 代替尿素。每生产和施用 1 t AS 产生的 CO_2 为 6.97 t CO_2-eq，仅为尿素的 52.2%。采用最新的合成氨工艺，生产过程可额外减少 0.24 t CO_2-eq t N^{-1} 的碳排放，如果按照氮肥产品结构调整目标，用 15%的 AS 代替 15%的尿素，使 AS 比例提高到 20%。那么，AS 生产过程中 CO_2 的排放量为 1.3 Tg CO_2-eq/a，应用过程中排放的 CO_2 量为 14.5 Tg CO_2-eq/a。与调整前相比，应用过程中碳排放降低 11.8 Tg CO_2-eq/a，生产过程中降低 13.1 Tg CO_2-eq/a。

AN 代替尿素。AN 代替尿素可以调控铵硝营养，使营养供应更加均衡。若将 AN 的比例提高到 20%，生产过程将排放 57.8 Tg CO_2-eq/a，应用过程的温室气体排放将减少 6.3 Tg CO_2-eq/a。生产过程没有表现出碳减排的效果，主要原因是生产 AN 过程中 N_2O 的产生，增加了碳排放的风险。因此，在提高 AN 占比的同时，重视生产技术创新也是很有必要的。

UAN 代替尿素。UAN 含有铵态氮、硝态氮和酰胺态氮三种形态，由于简化造粒、干燥、包装等环节，生产、储存、运输能耗降低。在生产过程中可减少 7.3 Tg CO_2-eq/a，在应用过程中可减少 6.8 Tg CO_2-eq/a，预计全年将减少 14.1 Tg CO_2-eq 的排放量。

新型肥料取代传统氮肥。新型肥料的生产过程与常规肥料没有区别，其减排主要体现在施用过程中。由于不同类型的常规肥料可以升级为新型肥料，在估算减排潜力时设置了三种情景（图 8-6）。3 种情景均假设 NI 加入 AS 和 ACl。特别是第一种场景假设常规尿素升级为含 UI 的尿素；第二种情景假设将常规尿素升级为控释尿素；第三种情景假设含 UI 尿素和控释尿素平均分配。在调整传统肥料产品结构的基础上，将传统肥料升级为新型肥料可减少 14.5～21.6 Tg CO_2-eq/a 的排放，其中 UI、NI、控释肥的温室气体排放量分别为 24.4、17.9、17.3 Tg CO_2-eq/a，比常规尿素肥料的排放量分别减少 5.8、8.7 和 12.9 Tg CO_2-eq/a。

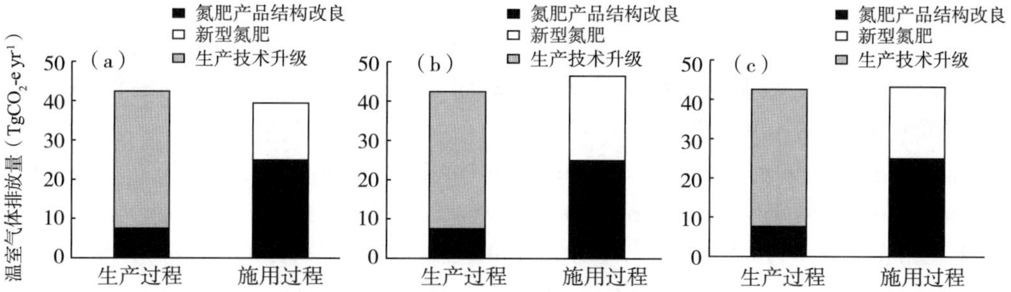

(a-c)：在估算减排潜力时，新型肥料的三种情景

图 8-6　氮肥产品结构调整后氮肥链温室气体减排潜力估算

如何实现“双碳”是未来 40 年我国面临的一个重大问题。氮肥是满足日益增长的人口对粮食需求不可或缺的产品。然而，氮肥生产过程的高能耗和农田施用的高污染是实现“双碳”的重要障碍。2010—2020 年，我国已通过科学的氮肥管理技术实现了氮肥温室气体排放量的降低（减少 84.4 Tg CO_2-eq/a），然而，当前的氮投入量已经达到平衡时，通过进一步减少氮肥施用量难以实现显著的温室气体减排。因此，亟须思考在不减少总氮投入的前提下如何进一步实现碳减排。本案例在定量分析不同氮肥产品生产-施用全链条的碳排放时将氮肥产品结构调整纳入氮肥全链条减排措施，明确了以减少温室气体排放为目标的氮肥产业改革路径。氮肥产业改革包括两个关键措施：①调整氮肥产品结构，用不同类型的氮肥产品替代常规尿素；②引进先进的生产技术，降低生产过程中的能耗和温室气体排放。综合各项措施，未来碳减排潜力可达 81.7～88.9 Tg CO_2-eq/a。氮肥合成过程的减排量为 34.8 Tg CO_2-eq/a，施用氮肥过程的减排量为 39.4～46.6 Tg CO_2-eq/a。如何通过调整氮肥产品类型来减少碳排放，推进低碳农业发展，值得进一步思考学习。

思考题

1. 为了实现我国“双碳”战略目标，农业生产上面临的挑战都有哪些？
2. 最大化发挥肥料的生产效益，减少其环境负面影响，可能的实现途径有哪些？
3. 目前我国肥料在农田实际应用过程中存在什么问题？

参考文献

贺盼，2010. 基于生命周期评价的中国氮肥温室气体排放核算. 北京：中国农业大学.

黄高强，2014. 我国化肥产业发展特征及可持续性研究. 北京：中国农业大学.

黄高强，武良，李宇轩，等，2013. 我国氮肥行业发展形势及建议. 现代化工，33(10)：5-9.

吴绍洪，罗勇，王浩，等，2016. 中国气候变化影响与适应：态势和展望. 科学通报，61(10)：1042-1054.

徐湘博,孙明星,张林秀,2021.农业生命周期评价研究进展.生态学报,41(1):422-433.

张卫峰,易俊杰,张福锁,2017.中国肥料发展研究报告 2016.北京:中国农业大学出版社.

中国长期低碳发展战略与转型路径研究课题组 清华大学气候变化与可持续发展研究院,2021.读懂碳中和.北京:中信出版社.

Kongshaug G, 1998. Energy consumption and greenhouse gas emissions in fertilizer production. Conf., Marrakech, Morocco.

Li T, Zhang W, Yin J, et al., 2018. Enhanced-efficiency fertilizers are not a panacea for resolving the nitrogen problem. Global Change Biology, 24(2):E511-E521.

Potter P, Ramankutty N, Bennett E M, et al., 2010. Characterizing the spatial patterns of global fertilizer application and manure production. Earth Interactions, 14:1-22.

Shine K P, 2009. The global warming potential-the need for an interdisciplinary retrial. Climatic Change, 96(4): 467-472.

Smil V, 2000. Enriching the Earth: Fritz Haber, Carl Bosch, and the transformation of world food production. The MIT Press.

Zhang W F, Dou Z X, He P, et al., 2013. New technologies reduce greenhouse gas emissions from nitrogenous fertilizer in China. Proceedings of the National Academy of Sciences of the United States of America, 110(21):8375-8380.

附 录

【材料一】 氮肥链不同阶段的排放因子及碳排放量计算方法

本案例在核算排放清单时收集的相关数据主要来自国际肥料工业协会(IFA)、中国氮肥工业协会(CNFIA)、国家统计局(NBSC)。

(1)合成氨温室气体排放 本案例对合成氨工业技术升级前后温室气体排放因子进行计算和评价。由 2005 年合成氨的化石燃料能耗、电量、总能耗等信息计算的排放因子被用作“产业升级前”。根据我国“十二五”发展规划的要求,到 2015 年以无烟煤为原料合成氨,能耗要求低于 1 350 kg tec^{-1};以天然气为原料的合成氨能耗低于 1 150 kg tec^{-1}。因此,本案例将“十二五”要求的能耗数值作为“产业升级后”。利用政策能耗上线和政府间气候变化专门委员会(IPCC)默认值计算各类型合成氨企业的温室气体排放因子[式(1)]。

$$EF_{Ami} = \sum W_{Mij} \times (R_{CO_2} + R_{N_2O} \times 298 + R_{CH_4} \times 25)_{Aij} \quad (1)$$

式中,EF_{Ami}为不同企业生产合成氨时的温室气体排放因子(t CO_2-eq t N^{-1});W_{Mij}为生产合成氨单位消耗的原料(t t N^{-1});R_{CO_2}、R_{N_2O}、R_{CH_4}分别为原料燃烧时 CO_2、N_2O 和 CH_4 的排放因子(t t N^{-1}),根据合成氨原料结构加权平均计算合成氨平均能耗。

(2)氮肥产品生产的温室气体排放　各类型氮肥生产过程的温室气体排放因子按照公式(2)计算。

$$EF_{Si} = \sum W_{Sij} \times (R_{CO_2} + R_{N_2O} \times 298 + R_{CH_4} \times 25)_{Aij} + EF_{HNO_3} \quad (2)$$

式中，EF_{Si}为某氮肥生产过程的碳排放系数(t CO_2-eq t N^{-1})；W_{Sij}为生产氮肥单位消耗的原料；EF_{HNO_3}为原料硝酸的碳排放系数，为 5.4 CO_2-eq t N^{-1}(硝酸是 AN 的上游产物，仅在计算 AN 生产时才计算)。

(3)氮肥产品施用的温室气体排放　不同氮肥的排放因子按公式(3)计算。

$$EF_{Ai} = \sum (EF_{N_2Oi} + EF_{NH_3i} \times 1\% + EF_{NO_3i} \times 0.75\%) \times \frac{44}{28} \times 298 \quad (3)$$

式中，EF_{Ai}为施某一氮肥时的碳排放系数(t CO_2-eq t N^{-1})，EF_{N_2Oi}、EF_{NH_3i}、EF_{NO_3i}分别为不同氮肥损失途径的损失(%)。

(4)氮肥全链条的温室气体排放总量　氮肥全链条的温室气体总排放量由式(4)计算得到。

$$GHG_{Ti} = \sum (EF_{Si} + EF_{Ai}) \times W_{Fi} \quad (4)$$

式中，GHG_{Ti}为某年中国氮肥全链条温室气体排放总量；W_{Fi}为特定氮肥用量(Tg N)。

【材料二】　硝化作用与硝化抑制剂

由于中间产物以及终产物的特殊性，硝化作用与土壤-植物-水体-大气系统中的每一个环节都紧密相关，其形成的硝酸盐易于淋失和通过反硝化作用而损失。从广义上来讲，凡能够延缓硝化过程反应链中任一步或几步反应的化合物都可以称为硝化抑制剂。但由于 NO_2^- 在土壤中存留的时间较短，所以理想的硝化抑制剂是指能抑制亚硝化细菌的活性，从而抑制硝化作用第一步反应(氨氧化作用)的化合物。硝化抑制剂的作用机理也被广泛研究。其抑制途径主要有：①通过直接影响亚硝化细菌呼吸作用过程中的电子转移和干扰细胞色素氧化酶的功能，使亚硝化细菌无法进行呼吸，从而抑制其生长繁殖，如双氰胺(DCD)；②通过螯合氨单加氧酶(AMO)活性位点的金属离子来抑制硝化反应，如 2-氯-6-(三氯甲基)吡啶(nitrapyrin)；③作为 AMO 底物参与催化，使催化氧化反应的蛋白质失活，从而抑制硝化作用，如乙炔；④影响土壤氮的矿化和固持过程，从而对土壤硝化过程表现出抑制作用，如单萜等萜(烯)类化合物。

【材料三】　尿素水解与脲酶抑制剂

尿素施入土壤后，经土壤脲酶作用被迅速水解成氨，容易引起氨挥发及积累大量铵，经硝化作用转化成硝酸盐，易导致硝酸盐淋失或氮氧化物(NO_x)排放。因此，抑制脲酶活性延缓尿素水解，延长尿素在土壤中存留的时间，进而提高尿素的利用率，成为急需解决的问题。土壤脲酶抑制剂是对土壤脲酶活性有抑制作用的化合物或元素。早在 20 世纪 40 年代，Conrad 发现某些物质可以抑制土壤脲酶活性并延缓尿素水解。目前，在世界肥料市场上已经申请了专利并用于农业生产的脲酶抑制剂有很多，多数集中在德国、印度和美国，但是只有 N-丁基硫代磷酰三胺(NBPT)和氢醌(HQ)两种脲酶抑制剂已经得到实际的应用和作为商品在市场流通。脲酶抑制剂的作用机理有以下 3 种:①氧化脲酶的巯基,降低脲酶活性;②争夺配位体,降低脲酶活性;③抑制或延缓脲酶的形成。

【材料四】 包膜缓释、控释肥料的区分

一般认为“释放”是指养分由化学物质转变成植物可直接吸收利用的有效形态的过程(如溶解、水解、降解等);“缓释”是指化学物质养分释放速率远小于速溶性肥料施入土壤后转变为植物有效态养分的释放速率;“控释”是指以各种调控机制使养分按照设定的模式释放(释放率和释放时间),与作物吸收养分的规律相一致。按照溶解性释放方式,控释和缓释肥通常被分为 3 种类型:①物理障碍性因素控制的水溶性肥料,如包膜颗粒肥料和基质复合肥料,包膜颗粒肥料又可进一步划分为有机聚合物包膜肥料(热塑性和树脂类)和无机包膜肥料(如硫黄、矿物质包膜);②微溶有机氮化合物,可进一步划分为生物可降解的微溶有机氮化合物(如脲甲醛和其他脲醛缩合物)和主要以化学方式降解的化合物(如异丁烯环二脲);③微溶性的无机化合物,如金属磷铵盐、部分酸化磷酸盐等。

第九章 平和蜜柚减“肥”记

Optimized fertilization of pomelo in Pinghe County

摘要:近年来,随着蜜柚种植面积逐年扩增和过量化学肥料的投入,蜜柚产业及生态环境面临着新的挑战。本案例回顾了平和蜜柚科技小院师生扎根平和的初衷,介绍了过量施肥带来的危害,重点介绍了蜜柚优化施肥方案制订的基础和科技小院进行减“肥”技术推广的途径。旨在通过案例的分析与讨论,使学生了解蜜柚产业的现状和过量施肥的危害,掌握科学试验和系统总结的方法,从而使专业知识应用于生产实践,助力实现农业绿色可持续发展。

Abstract: In recent years, with the expansion of pomelo planting and the excessive application of fertilizer, pomelo industry and environment are facing huge challenges. This case reviews the original intention of teachers and students of Science and Technology Backyard lodged at Pinghe County, introduces the harm caused by excessive fertilization, focuses on the basis of formulating optimal fertilization scheme for pomelo and the way of promoting "fertilizer" reduction technology. The purpose is to make students understand the current situation of pomelo industry and the harm of excessive fertilization through case analysis and discussion, master the method of scientific experiment and summarize, so as to use the professional knowledge in the reality and help to realize agricultural sustainable development.

关键词:蜜柚;科技小院;过量施肥;减“肥”技术

Key words: pomelo; Science and Technology Backyard; excessive fertilization; "fertilizer" reduction technology

【适用课程】 资源利用与植物保护技术进展、植物营养诊断技术

【教学目的与要求】 了解过量施肥的危害;掌握产量和品质的影响因素及改善方法。

【案例知识点】 过量施肥对蜜柚、土壤和环境所带来的危害;基于蜜柚生长规律、养分需求规律和土壤养分状况制订科学施肥方案;强酸性土壤中蜜柚的主要缺素症状及改善措施;蜜柚精准水肥调控方法;科技小院助力蜜柚产业绿色发展的做法。

【撰写时间】 2021年12月20日

蜜柚是我国最具特色的柚类栽培品种之一,琯溪蜜柚原产福建省漳州市平和县,在当地已有500多年栽培历史,是当地传统名贵柚类品种,也是平和县农民的主要经济来源。平和全县蜜柚种植面积达70万亩,种植面积、产量、出口量均居全国第一位,是我国最大的柚类生产和出口基地。然而,过去几年当地蜜柚的品质有所下降,产量也不再提高了,这究竟是怎么回事呢?

平和蜜柚科技小院师生调研发现：平和柚农们种植管理自成体系，每位果农都有一套自己的蜜柚管理技术；多数果农认为影响产量的第一要素是施肥，多施肥才不会“饿”到蜜柚。随着蜜柚种植面积逐年扩增，用“三高”来形容蜜柚产业再贴切不过了——高度集约化、高投入、高产出，蜜柚产业及生态环境面临着新的挑战。蜜柚园过量施用化肥造成了哪些危害？蜜柚减“肥”过程会遇到什么问题？减肥同时能实现提质增效吗？如何形成蜜柚绿色优质的种植技术体系？

一、走进蜜柚，扎根平和

蜜柚属于亚热带常绿乔木果树，喜温暖湿润气候，生长势强，树叶茂密。传统种植品类为白肉蜜柚，后从柚园的变异株系选育出黄金蜜柚、红肉蜜柚、三红蜜柚（果皮粉红色，海绵层粉红色，果肉红色）（图 9-1）和红棉蜜柚（海绵层和囊衣淡紫红色，果肉白色）等。红肉蜜柚肉内含番茄红素而呈红色，成熟期比普通琯溪蜜柚稍早，近年发展较多。

图 9-1　琯溪蜜柚种类多（依次：白肉蜜柚、黄金蜜柚、红肉蜜柚、三红蜜柚）

平和县位于福建省漳州市西南，于明正德十三年（1518 年）置县，取“寇平而人和”之意。县内群峦叠嶂，山清水秀，主要有中山、低山和丘陵 3 种地貌类型，以丘陵地为主。平和县东南部的南亚热带海洋性季风气候与西北部的中亚热带潮湿气候共同造就了平和县的光温水热资源，县域内光热资源丰富，雨量充沛，终年温暖湿润，日照和太阳辐射时间中等，年平均霜期为 41.3 d，春、秋、冬季温差小，夏季较长，但酷热严寒少见，适宜蜜柚生长。

20 世纪 80—90 年代平和县政府鼓励全县机关、企事业单位、基层干部和民众开发种植琯溪蜜柚。经过一次次大胆而艰辛的尝试，一些先进人士和积极农民掌握了蜜柚关键种植技术并带动琯溪蜜柚在全县各乡镇大规模推广种植。经过 30 多年的发展，平和县琯溪蜜柚种植面积和产量迅速提高（附图 9-1），已成为我国最大的柚类生产基地。2005 年 10 月 29 日首届福建（平和）琯溪蜜柚节顺利举办，现已发展为中国（平和）蜜柚节，截至 2021 年已举办 17 届。平和县不但成为中国柚都，还发展为世界柚乡。琯溪蜜柚种植业成为当地的支柱产业。

五星村位于平和县坂仔镇西部，全村柚类种植面积达 5 200 余亩，是琯溪蜜柚种植的优势产区之一，也是全县蜜柚种植产业的典型代表。其种植历史已近 30 年，蜜柚风味位列平和县前茅，且较低海拔使五星村柚子上市早，市场价格较高，具有“风味好、上市早、效益高”等优势。五星村民风淳朴、思想开放，当地柚农更容易接受新思想、新品种和新技术。在此开展科研和科普技术服务具有较好的群众基础，且能起到较好的示范带动作用。

2016 年，针对平和县蜜柚产业发展现状，以解决蜜柚种植过程中面临的问题为出发点，国际镁营养研究所师生在五星村开展了基层调研和蜜柚减“肥”相关试验。同时，五星村村委会在村支部书记黄国义和村主任赖建才的带领下，积极帮助科技小院落地，并做好村干部和群众的思想工作，全力支持科技小院工作的开展。2019 年 6 月 14 日，中国农村专业技术协会平和蜜柚科技小院在五星村正式挂牌(图 9-2)。中国农村专业技术协会理事长柯柄生在揭牌仪式上提醒同学们：“质量第一、产量第二，质量决定卖不卖得出去，产量决定能卖多少。”

图 9-2　中国农村专业技术协会平和蜜柚科技小院在五星村正式挂牌

二、蜜柚减“肥”紧迫性

最初蜜柚科技小院团队来到平和县调研，主要是计划进行蜜柚养分吸收规律的研究，并没有打持久战的想法，但平和蜜柚产业的调研现状让团队老师大吃一惊，身不由己。过量施肥、施肥方法不当等问题在当地农民种植过程中非常普遍。不科学的施肥严重制约了蜜柚产业的发展，还带来了环境污染、地力下降等问题，严重阻碍了蜜柚产业的绿色可持续发展。自此，团队逐步开始在平和县研究蜜柚的科学施肥种植技术。

(一)蜜柚产区施肥现状

蜜柚产业飞速发展依赖大量的化肥施用，为了追求产量，蜜柚产业存在长期偏重氮、磷、钾化肥等问题。据调研显示，氮、磷、钾肥平均施用量最高的省份均是福建省。柚类主产区氮、磷、钾投入过量的面积分别占 72.04%、87.17%和 66.14%，每公顷氮、磷、钾肥平均施用量分别为 882.10 kg、692.38 kg 和 707.83 kg，过量投入量分别为 11.41 万 t、11.68 万 t 和 8.13 万 t，减施潜力分别为 48.99%、63.89%和 43.49%。

1980—2015 年，平和县肥料总投入量由 1.2 万 t 增加到 11.4 万 t，增加了 8.5 倍(附图 9-2)。通过数据调研发现，平和蜜柚平均每年每公顷施用 N、P_2O_5 和 K_2O 养分分别为 1 084 kg、997 kg 和 1 008 kg。其中氮肥投入量远远高出国际上其他柑橘优势产区的推荐用量，是其他国家推荐量的 5～6 倍。然而，平和县氮肥偏生产力远低于国外水平，仅为美国佛罗里达州的 1/7(表 9-1)。

表 9-1 平和县蜜柚与国际柑橘优势产区氮肥施用量比较

国家/区域	样本数/个	氮肥投入/（kg/hm²）	产量/（t/hm²）	氮肥偏生产力/（kg/kg）
美国	334	209	59	349
西班牙	12	240	48	202
巴西	16	180	49	360
以色列	40	158	56	361
平和蜜柚施肥现状	362	1 084	55	46

来源：国际镁营养研究所。

（二）过量施肥导致土壤酸化

土壤酸化是指土壤中交换性盐基离子减少、交换性酸逐渐增加的过程。自然条件下，土壤的酸化速度非常缓慢，但近半个多世纪以来人为活动导致气候变化和土地利用方式改变，使得土壤酸化的进程大大加速。在过去几十年，我国农田土壤 pH 平均下降了 0.5 个单位，其中过量的氮肥投入是导致农田土壤酸化的重要因素，长期施用氮肥比不施肥处理的土壤酸化速率提高了 4.6 倍，农田氮肥的投入量与其酸化速率呈显著正相关。当向土壤中施入硫酸铵、氯化铵等生理酸性肥料，植物大量吸收氨态氮的同时，为了维持细胞电荷平衡会从根系向土壤中分泌大量的氢离子，导致土壤中氢离子增多，加剧土壤酸化。NH_4^+ 在土壤中的硝化反应产生 H^+，也是其原因之一。另外，硝酸盐、硫酸盐等酸根淋洗过程中也会带走大量的盐基离子，导致土壤酸化。土壤酸化会影响多种植物所需元素的活性，还会引起土壤微生物种群丰度发生变化，最终导致土壤板结。

近年来，平和县蜜柚种植面积、年产量以及总产值均呈上升趋势，伴随着蜜柚产业的快速发展，平和县土壤呈现出严重的酸化现象。通过数据调研，平和县土壤 pH 在近 30 年下降了 0.7 个单位。蜜柚果园土壤 pH 小于 4.5（达强酸性）的样点占取样总数的 80.8%。通过对平和县 300 多个柚园土壤样品进行分析发现，高达 90%的柚园土壤样品 pH 低于蜜柚适宜生长的下限值（pH=5.5）。过量施肥导致的柚园土壤酸化问题，严重影响着蜜柚的产量和品质，制约着平和蜜柚产业的可持续发展。

（三）过量施肥对水体造成污染

平和县地处九龙江、韩江、漳江水系上游，是九龙江西溪、云霄漳江、漳浦鹿溪、诏安东溪、平和芦溪等五大江河的源头，素有“漳州水塔”之美誉，流域的水质安全直接影响下游人民群众的身体健康。平和蜜柚科技小院师生发现，平和当地人不饮用流经坡地蜜柚园的水，仅用于洗涤。说明大家已经认识到水质有问题，却并未引起足够的重视。

在农业生产过程中，未被利用的化学肥料会被分散到周围环境，农业生产导致的面源污染已成为水质恶化的主要源头。蜜柚生产过程中常施用大量化肥，过量施肥对水体的污染主要是由肥料中的营养元素（特别是氮磷营养）随降水和土壤水分运动进入水域造成的。过量施肥会造成地下水硝酸盐与亚硝酸盐含量升高，影响水质安全，甚至造成富营养化。2019 年，科技小院组织开展了防治水污染知识科普工作，抽样检测全县 60%的水体（图 9-3），包括地表水、地下水和饮用水。团队希望通过向农户提供详尽的水质检测报告,以警示广大柚农过度使用化肥带来的危害,唤起人民群众的水源保护意识,推动蜜柚减"肥"护水。

图 9-3 实践队员采集水样

(四)过量施肥增加温室气体排放

农业生产是重要的碳排放源之一。平和蜜柚种植业中,碳排放的主要来源包括蜜柚生产过程中化肥、农药、能源消耗以及土壤翻耕过程中直接或间接导致的温室气体排放。其中,肥料是温室气体排放的主要来源,尤其是氮肥的施用(图 9-4)。氮肥易以 NH_3 的形式挥发,既造成资源的浪费,又毒害植物生长。进入大气的气态氨一部分与空气中的酸性物质反应,经干湿沉降落到地表土壤和江河湖泊中,造成土壤酸化和水体富营养化;一部分被氧化生成 NO 和 N_2O。N_2O 可在大气中滞留 150 年左右,其增温作用分别是同等体积 CH_4 和 CO_2 的 12 倍和 296 倍,可引发严重的温室效应。

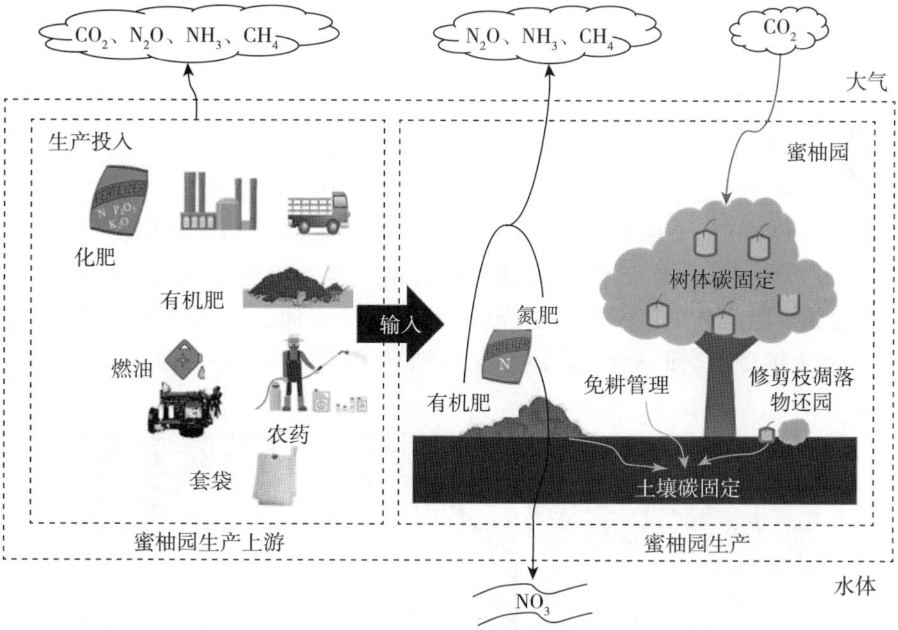

图 9-4 平和县蜜柚生产过程中温室气体来源解析(Chen et al., 2020)

长期过量施肥导致平和县蜜柚产区单位产量碳排放量高达 16.5 t CO_2 eq/hm^2,远远超过国际上其他柑橘产区的水平(2.6 t CO_2 eq/hm^2)。其中,氮肥的投入对碳排放的贡献最大,其次是磷肥、套袋和农药投入。因此，在过量施用氮、磷、钾化肥的现状下，合理减少平和县柚园氮肥、磷肥的投入，是实现蜜柚种植业高产低排的关键举措。

(五)过量施肥对果树的影响

果树生长过程中，氮素扮演着重要的角色，但若过量施用氮肥则会引起营养生长过旺、花芽质量和坐果率降低进而影响果实产量。另外，过量施用氮肥还会影响果实品质，降低果实耐储藏性、增加感病风险等。

磷是植物体内许多化合物的重要组分之一，广泛参与各种重要的代谢活动。磷肥施用过量会使植物过多吸收磷素，进而引起呼吸作用过强，消耗过多的光合产物，使地上部营养生长受到抑制，生殖生长提前，从而导致作物过早成熟，引起减产。磷过量时叶片净光合速率和光饱和速率均会下降，加上光合产物消耗增加，使植物体内营养积累减少，导致植株的抗性降低。施磷过多还会显著降低植物体内钙、镁、硫等矿质营养的含量。

三、蜜柚健康减“肥”

在平和蜜柚科技小院的蜜柚减“肥”示范地，柚农们惊讶地发现，蜜柚肥料用量大大减少，但产量和品质却没有下降。“象牙塔”里的读书人种的柚子竟然比祖祖辈辈种柚子的果农们种出来的产量还要高、品质还要好，秘密究竟是什么？“工欲善其事，必先利其器”，想要使蜜柚健康减“肥”，首先需要深入柚园了解蜜柚的生长环境和生长发育特点，以制订合理的健康减“肥”方案，达到减肥不减产，甚至提质增效的目的。

(一)过量施肥还缺素

在平和柚园中，蜜柚缺素的情况时有发生(图 9-5)，不是说蜜柚施肥过量需要减肥吗，怎么又说缺素？长期过量施肥导致了柚园土壤的持续酸化，前期调研发现平和县多数蜜柚果园土壤酸化严重，90％的表层土壤样品 pH 低于 5.0。土壤 pH 与土壤中营养元素的有效性存在相关性。随着土壤 pH 降低，土壤中氢离子浓度迅速增加，氢离子和盐基阳离子吸附竞争增强，可溶性盐基阳离子浓度呈数量级增长，释放出的交换性盐基阳离子在酸性条件下遭到淋洗而导致流失，引起交换性盐基阳离子的储量降低，进而引发蜜柚营养元素缺乏，出现相应缺素症状。平和县柚园土壤中磷、钾、硫严重过量，交换性钙、镁不足，水溶性硼和有效铜不足与过量的现象并存。

图 9-5　部分柚子缺素症状

另外，土壤 pH 降低会活化土壤重金属元素，使某些重金属离子的迁移速率加快，导致果树出现重金属离子毒害现象，进而对整个食物链系统造成巨大的威胁。例如，当土壤 pH 小于 5.5 时，土壤溶液中的铝主要以可溶性铝存在，植物根尖部位的生长会受到铝毒的抑制。当土壤中交换性铝的饱和度为 20%～80%时，还会降低土壤中营养元素（如钙、镁、钾、磷等）的含量，从而降低果树对养分元素的吸收。

（二）科学水肥管理是基础

要给蜜柚减“肥”，需要先掌握蜜柚生长规律，清楚蜜柚保质保量生长需要多少养分，现施肥情况下土壤养分平衡状况如何（图 9-6），从而明确在已有施肥基础上减肥多少才合适。同时，结合蜜柚果园测土配方施肥，做到氮、磷、钾肥合理施用，从而提高化学肥料的利用率，减少化肥施用不合理造成的资源浪费和环境污染。

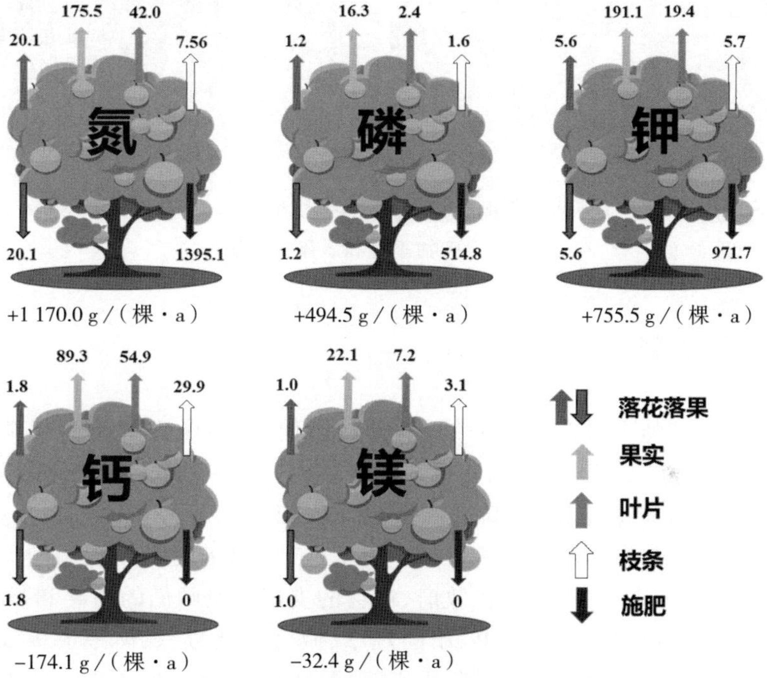

图 9-6　习惯施肥情况下蜜柚养分平衡图

果树在不同时期的水分丰缺会影响果实的生长发育及品质形成。平和县柚园多分布在山地，灌溉条件差，农户柚园水分多靠雨养，平和县降雨集中的时间段是 5—8 月，在蜜柚生长发育期的膨大期雨水充沛，在蜜柚成熟期后至翌年稳果期降水量均较少。近年来，季节性干旱问题突出，部分平地果园虽然有一定的灌溉条件，但是高产优质的生态果园并不多。随着季节性干旱天气频现，少雨季节柚园土壤水分含量不能满足蜜柚正常生长发育所需，从而影响蜜柚的产量与品质。

（三）蜜柚根系怎么分布

植物根系的主要功能是固定植株、从土壤中吸收水分和矿质营养，根系在植物生长发育中发挥着重要作用，根系在土壤中的分布会影响植物对水分和养分的吸收。根系的形态指标受土壤质地、土壤 pH 和土壤环境等诸多因素的影响。琯溪蜜柚属于深根性果树，肥沃深厚的土壤才能培养出深、广、匀、密的强大吸收根群。

2019 年 4 月底，平和蜜柚科技小院师生采用“八分之一挖根法”挖掘了第一颗柚子树。锄头、小挖勺、扁头螺丝刀、手依次上阵，烈日下汗水浸透衣裳，双手像戴了一双深灰色手套，蜜柚根系终于揭开了神秘的面纱。路过的农户忍不住感叹“种了快三十年的柚子，都不知道原来柚子的根系长这样！”随后科技小院学生又组成“考古小分队”，对不同树龄的蜜柚树进行整株剖析，明确了蜜柚根系垂直和水平分布特征（图 9-7），并通过分层挖掘的方法，明确了不同树龄蜜柚根系在不同土层中的空间分布特征。

图 9-7　蜜柚垂直和水平根系图

四、推动蜜柚减“肥”

平和蜜柚科技小院师生身在生产一线，肩负科研使命，自觉发挥自身优势，自 2016 年开始，探索蜜柚减“肥”提质，到 2020 年已初见成效。如何让更多柚农接受更科学的种植技术，进而促进蜜柚产业绿色高质量发展、提高平和蜜柚产业市场竞争力？针对技术应用“最后一公里”如何打通的难题，平和蜜柚科技小院研究生将 2016 年以来的一系列田间试验成果进行了系统性总结，用真实数据讲动人故事，在政府、协会的支持和老师们的指导和帮助下，以树立典型示范户为突破，利用科技长廊、口袋书、田间观摩、微信公众号、媒体报道等线下线上相结合的方式推进，联合政府力量进行入村培训，由点到线、由线到面一步步扩大蜜柚减“肥”技术的受众面和推广应用，通过多种传播渠道和平台促进技术落地。

（一）树立减“肥”示范户

在前期与农户的接触中，一提到减“肥”，便受到了当地蜜柚种植管理经验丰富的果农的连番质疑。“年轻人懂得什么？连碰都没碰过。”“科技小院没来之前也有专家和学者来合作，后来都不了了之。”农户疑问多了，学生心里也开始打鼓，担心起蜜柚树和自己的毕业问题。平和蜜柚科技小院团队于 2016 年开始进行蜜柚田间试验，但前期的减“肥”工作做到一半有些农户会悄悄补肥。为了更好地开展减“肥”试验，团队找到了一些善于沟通，敢于尝试，能够配合的农户，但他们也都悬着一颗心。十里八乡的种柚能手林新民师傅说：“柚子挂果那么多，你们要减少一半以上的化肥，那柚子树不是要被饿死啦！”面对果农们的担忧，科技小院师生决定先给农户吃颗定心丸：“今年化肥用量减少一半，若是柚子减产，出现了多少损失都由我们来承担，大家同意现在就可以签协议。”听到这句话，柚农们才犹豫地签下了协议。

通过实地试验，科技小院师生逐步摸索出一套优化了施肥量和施肥位置的减“肥”方案，并初见成效，之前怀疑的林新民师傅也慢慢成了蜜柚小院的技术代言人(图 9-8)。2019 年秋分时节，平和蜜柚科技小院师生邀请了附近几个村的 10 多位村民参观科技小院的蜜柚示范地。有块地原本是村里公认的地力较差的土地，但在平和蜜柚科技小院老师和研究生们的经营下，不到一年时间就长出了产量高品质优的柚子，且示范地每棵树全年肥料用量远远低于村民们的化肥用量。师生们想通过组织柚农参观蜜柚减肥示范地，让大家亲眼见到合理减“肥”不会造成蜜柚产量减少或品质降低，反而施肥过量才会导致柚子产量和质量出现问题。

图 9-8　林新民师傅从怀疑到成为蜜柚减“肥”技术代言人

(二)科技长廊与技术手册

平和蜜柚科技小院师生们把蜜柚减“肥”增效的绿色种植技术转化到农户也能读得懂的展板上，把它们整齐地“种”到科技小院旁边的田间地头，形成一道亮丽的风景线——科技长廊(图 9-9)。每当科技小院有专家、学者调研观摩的时候，一块块技术展板便“挺直腰杆”，“列队欢迎”来访者。

平和蜜柚科技小院师生们还将蜜柚减“肥”增效等绿色种植技术整合转换成适合“揣”进口袋、方便阅读的技术手册(图 9-9)。在科普宣传活动和培训观摩会中分发给柚农翻看学习，同时在蜜柚科技小院接待室阅览架上也持续供应技术手册，供来访者取阅。

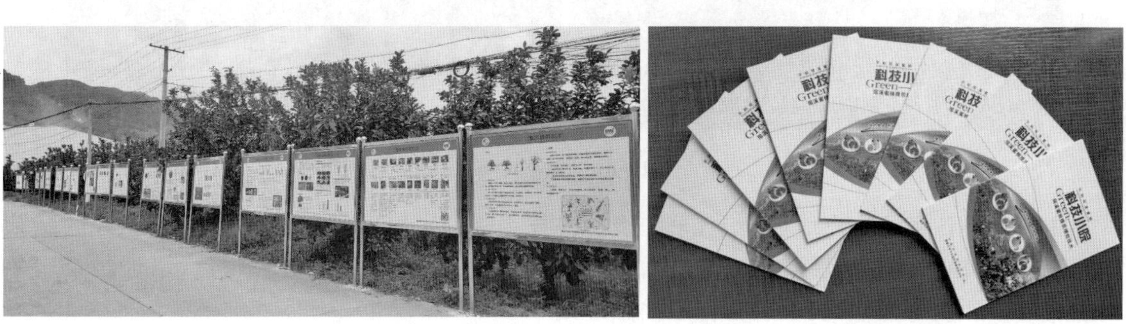

图 9-9　科技长廊(左)和技术手册(右)

(三)田间观摩与媒体报道

平和蜜柚科技小院的师生与政府和企业组织了一系列蜜柚田间观摩活动，推动技术应用。

通过微信公众号推广蜜柚减“肥”技术，目前，已累积在微信公众号发送推文170余篇，总阅读量超过10万次。

2019年，平和蜜柚科技小院师生接受中央电视台2套《经济半小时》栏目《科技促丰收》节目专题采访，2019年9月23日晚8点，节目隆重播出，详细报道了平和蜜柚科技小院为蜜柚丰产所做的贡献。2019年10月29日，东南网就科技小院落地后给果农带来的增产技术做了详细报道，进一步推动了科技小院提质增效的健康减“肥”技术的普及和应用。

2020年平和蜜柚科技小院教师受邀录制福建教育电视台《乡约科普》栏目，以“‘琯溪蜜柚’绿色提质增效施肥技术”为题，向全省蜜柚种植户推广平蜜柚优化减量施肥与土壤酸化防控等蜜柚绿色种植技术。

2021年7月，平和蜜柚科技小院再次登上中央电视台，中央电视台17套农业农村频道《三农群英汇》以“蜜柚减‘肥’记”为题，报道了平和蜜柚科技小院师生推动平和蜜柚减“肥”，实现产业绿色可持续发展的工作，成为播出季点击率最高的专题片。此次报道不仅是对平和蜜柚科技小院工作的肯定，更是对蜜柚减“肥”技术的宣传。

（四）走乡串镇

由福建省科学技术协会（简称科协）和农村专业技术协会（简称农技协）统一领导，平和县科学技术协会、平和县农业农村局主办，县各乡镇政府、科技小院承办的平和县乡镇蜜柚绿色优质高效栽培技术培训于2021年3月26日在坂仔镇仁山村村委会启动。科技小院师生利用晚间时间开展下乡培训服务（图9-10），“省—县—乡—村”四级联合推动蜜柚减“肥”技术在平和县各乡镇应用。

图 9-10　培训现场

在平和县各乡镇农户培训会上，平和蜜柚科技小院师生展示了自2016年开展至今的示范地试验结果，柚树减“肥”后产量不降反增。看到真实的数据，果农们一片哗然，培训结束后争相添加培训师生的微信，表示想在自家柚园应用。

“金杯银杯，不如老百姓的口碑。”谈起认识科技小院的过程，林师傅回忆道：“2015年之前，我给柚子施肥都是每棵树一年施16斤（8 kg）化肥，那时候也不懂，都是凭经验，问谁都说不知道施多少肥比较好，大家都是一直这样种柚子，觉得施的肥料越多越好。一直到2016年和吴老师合作，听吴老师说肥料过量对柚子不好，要做减肥试验。肥料用量减少后，柚子不仅没减产，产量还增加了。到了2017年收获的时候，收购商品尝了试验地的果子后，都说今年的柚子口感要比之前的好。减肥后，每年我家 25 亩地可以省下两万多(斤肥料)，加上产量增加，收入也增加了。看到试验地有这么好的效果，我先前所有的顾虑都没了，第二年就扩大了柚园减肥的面积……”

2021 年 3 月—5 月，平和蜜柚科技小院师生在全县开展蜜柚绿色提质增效技术线下培训会 40 场，受众 1 736 人次。在省、市、县科协和农技协的统一领导下，平和蜜柚科技小院还会以更多样化的方式持续稳步推动“小院技术”在蜜柚产业绿色发展中的推广和应用。

五、蜜柚产业未来路在何方

在过去 5 年中，针对平和县蜜柚过量施肥带来的土壤、水质、环境、植株、品质等方面的问题，平和蜜柚科技小院师生开展了一系列试验，整合了一套蜜柚减“肥”增效技术，并将其在平和的柚园里进行推广应用，取得了显著成效，值得学习和借鉴。然而，蜜柚产业中存在的品种单一、机械化程度低、生产管理成本高、仓储粗放、深加工不足、品牌意识弱、缺乏龙头企业等诸多问题还缺乏有效的解决方案，还需要进一步深入研究，从而更好地助力蜜柚产业发展升级，为蜜柚产业绿色可持续发展贡献力量，这一部分同样值得思考和探索。

思考题

1. 如何实现水分和养分的精准调控？
2. 结合案例从所学专业的角度出发，谈谈如何通过平衡施肥来提高蜜柚的产量和品质。
3. 依据蜜柚生长规律、养分需求规律和根系分布情况，如何指导施肥？
4. 面临实际问题如何制订试验方案并形成减肥增效的技术体系？

参考文献

崔建宇，江荣风，2019. 土壤、植物与环境分析实验教程. 北京：中国农业大学出版社.

邓秀新，彭抒昂，2013. 柑橘学. 北京：中国农业出版社.

黄晓曼，徐驰，邢玥，2021. 科技小院：青年学子新时代逐梦随笔. 北京：化学工业出版社.

梁珊珊，2015. 我国柑橘主产区氮磷钾肥施用现状及减肥潜力研究. 武汉：华中农业大学.

潘东明，郑国华，陈桂信，等，1999. 琯溪蜜柚汁胞粒化原因分析. 果树科学，16(3)：202-209.

许修柱，2019. 琯溪蜜柚生产中的碳排放及优化施肥的综合效应评价. 福州：福建农林大学.

杨彬文，2002. 琯溪蜜柚栽培新技术. 福州：福建科学技术出版社.

杨金昌，2021. 平和县琯溪蜜柚的镁营养状况及镁肥的提质增效作用. 福州：福建农林大学.

张利军，2021. 琯溪蜜柚地上部表观生物量和养分累积规律及优化施肥效果评价. 福州：福建农林大学.

张亚东，2021.不同施肥处理对柚园土壤酸度、养分和碳氮磷化学计量比的影响.福州：福建农林大学.

Chen X H, Xu X Z, Lu Z Y, et al., 2020. Carbon footprint of a typical pomelo production region in China based on farm survey data. Journal of Cleaner Production, 277, 124041.

附　录

【材料一】 1980—2015年平和县蜜柚种植面积和产量

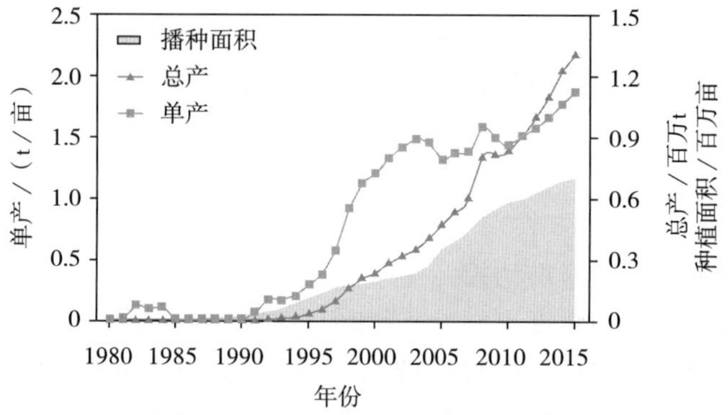

附图 9-1　1980—2015年平和县蜜柚种植面积和产量

【材料二】 1980—2015年平和县肥料投入量

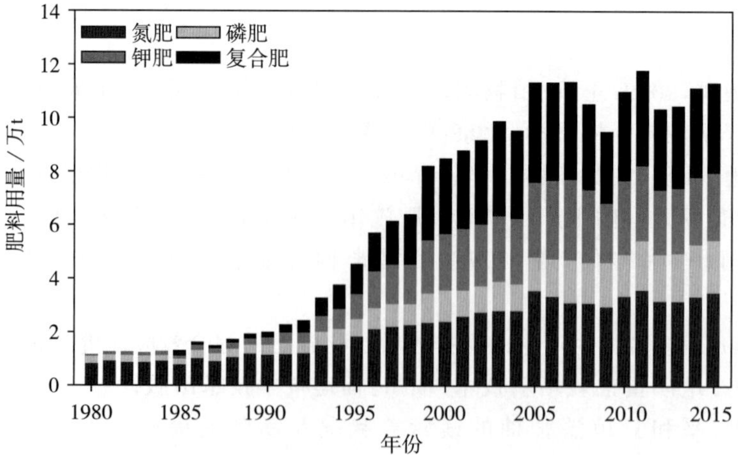

附图 9-2　1980—2015年平和县肥料投入量

【材料三】 蜜柚生长物候期

附图 9-3　蜜柚生长物候期

本案例图片均由中国农村专业技术协会福建平和蜜柚科技小院提供。

第十章

高质量粪肥还田——唐山新好农牧打造特色种养结合模式

High-quality manure fertilization to field—Tangshan Xinhao Agriculture and Animal Husbandry Co. LTD creates a unique integration of planting and breeding

摘要:本案例通过系统介绍中国农业大学资源与环境学院和北京沃土天地生物科技股份有限公司、河北唐山新好农牧有限公司合作建设的以猪粪、作物秸秆等农业废弃物处理为主线的种养结合生态模式,详述有机废弃物产生和处理利用现状,介绍不同类型堆肥化利用技术,并重点突出密闭式筒仓反应器的原理、调控策略及优势。在此基础上,讲授有机肥种类、作用及施用方式,并结合后续农田利用效益分析,介绍我国种养结合与循环农业的含义和重大意义,巩固学生对废弃物循环利用和肥料资源与养分综合管理知识的掌握和实践应用,提升专业技术水平。

Abstract: This case systematically introduced the ecological pattern of planting-breeding with the treatment of pig manure and crop stalks as main agricultural organic solid wastes. The pattern was jointly established by College of Resources and Environment, China Agricultural University, Beijing VOTO Biotech Co., Ltd. and Tangshan Xinhao Agriculture and Animal Husbandry Co., Ltd. Key knowledge related to the production and treatment of agricultural organic wastes was detailed. We also introduced different types of composting techniques and highlighted the principle, regulation strategy and advantages of closed silo composter. Furthermore, the types of organic fertilizers, their functions and application methods were taught. The farmland utilization cost-effectiveness analysis was subsequently combined to clarify the significance of planting and breeding integration for the development of recycling agriculture in China. This case can consolidate the understanding of waste treatment and resource recovery as well as nutrient comprehensive management and help students improve their professional and technical skills.

关键词:畜禽粪便;秸秆;好氧堆肥;有机肥;种养结合

Key words: livestock manure; crop stalks; aerobic composting; organic fertilizer; planting and breeding integration

【适用课程】 养分资源综合管理、肥料资源与养分综合管理

【教学目的与要求】 了解有机固体废弃物产生现状及其资源化利用的重要意义；掌握畜禽粪便堆肥的知识，巩固和提升专业技术水平；掌握有机肥生产工艺，了解生产流程；学习有机肥施用方法与优势，了解种养结合与循环农业的重大意义。

【案例知识点】 密闭式筒仓反应器堆肥工艺特点；堆肥过程影响因素及调控策略；有机肥施用技术和优势；种养结合与循环农业的意义；产学研合作模式及其应用。

【撰写时间】 2022 年 7 月 18 日

随着我国农业农村经济的快速发展，优质粮食与肉蛋奶等农产品供给量稳步提升。然而，长期以来我国作物秸秆、畜禽粪污等种养业废弃物的处理、处置滞后，造成了严峻的环境问题，成为制约农业可持续发展和绿色宜居乡村建设的短板。种养结合和农牧循环是种植业、养殖业紧密衔接的生态循环农业模式，以畜禽粪污资源化利用为衔接点，养殖业为种植业提供优质有机肥料，种植业为养殖业提供饲料和粪污处理辅料，以提高农业资源化利用效率，保护农业生态环境，促进农业绿色可持续发展。

河北省是我国华北地区的养殖大省，养殖特点表现为专业化、规模化、集约化。作为京津冀协同发展的重要一环，河北省畜禽养殖粪污治理及资源化利用的成效与整个京津冀的生态环境、经济发展紧密相关。新希望六和股份有限公司是新希望集团旗下最大的农牧食品产业板块，公司立足农牧产业、注重稳健发展，业务涉及饲料、养殖、肉制品加工及商贸等。2018 年新希望六和集团响应国家号召，投资 4.5 亿元建设唐山新好农牧有限公司 50 万头生猪养殖项目，逐步打造新型种养结合模式。该模式是将种植业与养殖业相互融合，利用养殖业产生的畜禽粪便和种植业产生的农作物秸秆进行无害化高值化处理，生成高品质有机肥料。其中，生猪养殖场单独建设粪污处理区域，采用密闭式堆肥技术，并由北京沃土天地生物科技股份有限公司提供工艺设计、相关设备安装调试及产品配方等综合性一体化服务。场区共安装 15 台密闭式堆肥反应器，日处理含水量约 75% 的粪便 90 t，年产粉状有机肥约 1 万 t。目前是亚洲最大的密闭式堆肥反应器处理项目。

新型种养结合模式不仅可以满足农作物的养分需求，提升农业种植效益，还能够有效提高畜牧业的产量和产值，推进畜牧生产方式转型升级，从而实现产业化经营模式发展。同时，结合绿色环保和可持续发展的理念，全面加强畜牧业的发展，从而带动生态环境发展，全面打造现代化聚落式的种养结合大型种猪场。

一、为什么要进行畜禽粪污肥料化还田利用

为了更加有效地处理和利用畜禽粪便，避免严峻的环境污染，我国始终致力于开发高效的资源化处理技术，实现畜禽粪便“变废为宝”。目前，畜禽粪便资源化处理技术主要包括饲料化、能源化和肥料化（参阅附录）。

（一）饲料化处理技术

畜禽粪便饲料化是指将畜禽粪便中的营养成分适当处理后，作为饲料资源利用。常采用直接喂养法、青贮法、生物法、干燥法等方法进行处理。其中，直接喂养法主要适用于鸡粪；青贮法、生物法和干燥法可以减量化和资源化畜禽粪便，可达到饲料商品的生产要求。然而，畜

禽养殖过程中会使用大量的添加剂，如重金属和抗生素，并在粪便中大量残留。粪便再作为饲料时可能会出现添加剂超标甚至中毒的现象，因此，在使用畜禽粪便前需要进行无害化处理。

（二）能源化处理技术

厌氧发酵主要以畜禽粪便、农作物秸秆等各类农业有机废弃物为原料，在一定的水分、温度和厌氧条件下，通过各类厌氧微生物的分解代谢，最终形成以 CH_4 和 CO_2 为主要组分的可燃沼气。产生的沼气或生物天然气能广泛应用于炊事、取暖、发电和车用燃料等多个领域，不仅能够提供清洁的生物质能源，减少大气污染，还能够保护农村生产生活环境，促进生态文明建设。产生的沼液沼渣可作为固液态有机肥来有效地替代化肥。然而，厌氧发酵技术运行条件较为苛刻，技术控制点较多，投资、运行成本较高，且需要专人维护。

（三）肥料化处理技术

畜禽粪便肥料化处理是指通过人工控制，在一定的水分、物料配比和氧气浓度条件下利用环境以及物料自身携带的微生物的发酵作用，将废弃物转变为富含腐殖质的有机肥料的过程。目前，高效绿色的肥料化处理技术主要有自然发酵沤肥和好氧堆肥技术，与其他处理技术相比，具有处理效率高、运行操作简便等特点，已广泛应用于畜禽粪便的资源化处理中。

自然发酵沤肥是将畜禽粪便堆放在发酵池或发酵罐里，利用秸秆、沙土等材料对其表面进行覆盖，经过长时间（一般为 3～6 个月）的自然发酵，到施肥季节时直接施入土里。然而，由于缺乏相关技术标准，现有沤肥技术存在发酵时间长、病原菌灭活不完全、产品腐熟度低等问题。

好氧堆肥是利用堆体内微生物降解畜禽粪便中的有机物，通过矿化和腐殖化两个过程将有机质转化为植物可吸收利用的小分子营养物质的过程。该过程能起到固定营养物质的作用，产品可用作肥料和土壤改良剂等；工艺简单，运行成本低，能最大限度地维持废弃物营养成分。此外，为了有效消减或钝化畜禽粪便中的重金属、抗生素及其抗性基因等风险污染物，减少堆肥过程中污染气体排放，通常采用工艺参数优化、外源材料添加、物料预处理等方式，改善堆肥的整体性能，达到减少有机肥的环境风险和提高肥料品质的目的。相较于自然发酵沤肥，好氧堆肥技术具有更为显著的无害化、资源化、减量化效果，且运行周期较短，是当前规模化畜禽养殖场普遍采用的技术。值得注意的是，由于好氧堆肥过程中存在复杂且剧烈的生化过程，往往容易产生大量温室气体及臭气，需要进一步处理以避免造成对环境的二次污染。

二、唐山新好农牧为什么选用反应器堆肥技术

目前，国内外堆肥模式一般采用开放式堆肥系统和发酵仓堆肥系统。其中，开放式堆肥系统主要有静态条垛式堆肥和槽式好氧堆肥（参见附录）。发酵仓堆肥系统分类较多，主要分为推流式和动态混合式以及新兴的密闭反应器和气流膜堆肥。条垛式堆肥、隧道堆肥和槽式堆肥可维持堆肥有氧状态，但是易受外界环境影响，翻堆时易排放污染气体。气流膜覆盖系统是以强制通风静态条垛式堆肥为基础的改良型堆肥模式，可以提升发酵效果，减缓养分损失，但市场上的膜品质参差不齐，限制了该系统的使用。反应器堆肥是指将畜禽粪便统一放置于封闭式的反应器中，并根据好氧堆肥处理技术的相关要求进行好氧发酵以满足通气、搅拌、控温

和除臭等多种不同需求，在一定程度上实现畜禽粪便处理的自动化和一体化发展。

唐山新好农牧有限公司将生猪养殖场的粪便运用管道、沟渠、机械、车辆等设施集中至粪便处理场的集粪池内，在配料系统内进行原料调配，之后在混料系统中采用混合搅拌器将猪粪和杂草纤维搅碎切断，进入在传统反应器的基础上优化的更加高效的智能化密闭式筒仓反应器堆肥装置(图 10-1)。该反应器由上料斗提机、液压站驱动装置、发酵罐、搅拌轴及桨叶、曝气系统、取料皮带机、排气及除臭塔、电控柜等部分组成。该反应器不仅具有占地面积小的优点，而且安装于室外，不需要厂房，厂房土建成本降低一半以上。同时，筒仓反应器保温效果好，装备热交换器可回收热量，发酵温度高，发酵周期 7～10 d，堆肥效率更高，与其他堆肥工艺相比，在相同运行时间内处理能力提高 25%，节省能耗 17%，温室气体减排 60%以上。工艺设备的主要特点是密闭性好、发酵快速、模块化设计、集中除臭、占地面积小、项目建设周期短、多机搭配灵活、环境控制效果好、热效率高，符合国家对固体废弃物处理处置的技术政策，能够达到节能减排和发展循环经济的目的。

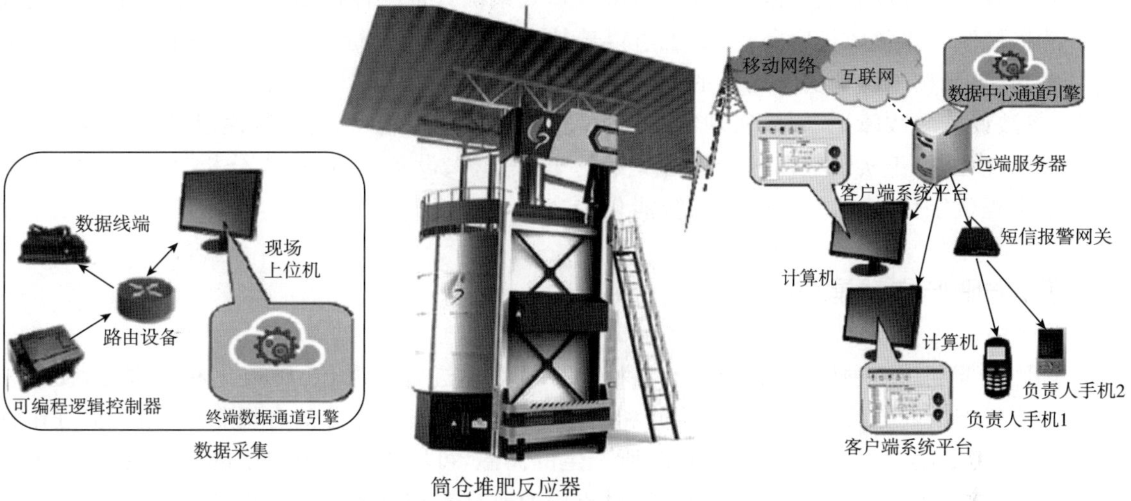

图 10-1　密闭式反应器智能调试系统

(资料来源：根据唐山新好农牧有限公司提供材料改绘)

三、密闭式堆肥反应器是怎么调试的

好氧堆肥的快速启动、过程控制和产品质量受到物料的含水量、粒度和辅料比例的影响。含水量过高，会降低物料的透气性，形成厌氧区域；含水量太低，微生物的活动会受到制约，影响堆肥反应的速度。调整物料水分含量在 50%～60%最适宜堆肥启动。堆肥初始物料的粒度控制在 5～10 mm，能够保证合理的堆体密度和孔隙率，从而促进堆体空气流动，保证堆肥正常进行。堆肥的辅料比例一般在 10%～20%(湿重)比较适宜。如果辅料比例过低，堆体结构较为致密，易产生厌氧环境，产生 CH_4 和硫化氢(H_2S)，同时堆体中的大量氮将以 NH_3 挥发形式大量损失，导致污染气体的大量排放；并且堆肥产品腐熟度较低，会给农作物生长带来不利的影响。而当辅料比例过高时，会使温度上升缓慢且高温周期短，同时微生物会进行多次的生命周期循环，延长堆肥周期。因此，畜禽粪便在进入堆肥反应器前通常会与一定比例的膨松剂(如园林废弃物、农作物秸秆)混合添加,进行水分调节、粒度调节和碳氮比调节,膨松剂添加比例一般在10%～30%(总物料湿重)。这种策略不仅可以有效减少污染气体的排放,还具有缩短堆肥周期、提高腐熟度等优点。

此外,在高温好氧堆肥过程中,氧气与微生物的生命活动、堆肥温度、气体排放、堆肥品质等均具有密切关系。当通风速率较低时,堆体内存在较多缺氧厌氧环境,导致反硝化作用产生大量 CH_4 和 N_2O。当通风速率较高时,氮素在堆肥初期大量以 NH_3 形式损失,减少后期及整个堆肥过程 N_2O 排放。研究表明,在好氧堆肥过程中,堆体中的氧气浓度保持在8%～18%比较适宜。氧气浓度小于8%会导致厌氧发酵而产生恶臭气体;氧气浓度高于18%易造成堆体热量散失,降低病原微生物的灭活效果。

因此,唐山新好农牧有限公司应用密闭式筒仓反应器堆肥模式来实现高效绿色堆肥,该模式拥有物料调配、进料、堆肥反应器、出料等全套装置,并且在传统密闭反应器的基础上进一步优化,配备智能控制系统,在反应器壳体上、中、下各段安装3组温度和氧气浓度传感器,实时监测物料各部位温度和氧气浓度。此外,供氧曝气系统具备两种控制模式,可选择采用温度或氧传感器检测与供氧风机闭环控制,也可以选择按堆肥时间进行控制。上位机有系统各部分信号采集、各机构工况和实时运行的记录与历史查询和报表等功能,触摸屏可以实时显示工作状态、参数设置和故障记录,以实现实时运行监测、全过程控制、工艺运行模拟、运行异常预警、运行决策优化,便于实现整体综合运营决策的工艺分析、设备分析、成本分析、风险分析,实现管理的全程数字化、虚拟化、集约化、智能化。

四、堆肥产物就是有机肥吗

堆肥主要利用多种微生物的作用,将植物有机残体进行矿质化、腐殖化和无害化,使各种复杂的有机态的养分转化为可溶性养分和腐殖质,生产出富含养分的有机肥料,用于促进作物生长、增强土壤肥力。同时,利用堆积时所产生的高温,可以杀死原材料中的病菌、虫卵和灭活杂草种子,达到无害化的目的。堆肥施用对土壤的改良和作物的增产效果已得到广泛证实,主要体现在:可增加土壤孔隙度,降低土壤容重,改善土壤结构,提高持水能力;增加土壤中大颗粒团聚体数量和有效水含量,提高团粒的水稳性;改善土壤孔隙的大小,弱化地面冲刷作用,抑制田间径流引起的养分流失;增加土壤阳离子交换量,改善土壤pH(附图10-2)。堆肥产物可以直接作为土壤调理剂施用于土壤中,也可进一步开发,在达到一定的产品质量标准后作为不同类型商品有机肥。

堆肥产品主要可分为传统有机肥和各类商品有机肥。传统有机肥是堆肥产物在养分含量满足土壤和植物需求的情况下,直接施用于土壤的肥料。商品有机肥是通过添加促进发酵的微生物菌剂或无机化合物,经过工厂化发酵腐熟、造粒等一系列工艺后制成的肥料,其种类主要包括有机-无机复混肥、生物有机肥和全元生物有机肥等。传统有机肥实际上并不能称为"有机肥",并不需要满足有机肥生产标准。商品有机肥的制造工艺更加复杂,且其生产需要满足《有机肥料》(NY/T 525—2021)的要求。商品有机肥的质量更可控,标准化程度更高,具有比传统有机肥更好的作用效果。但两者在施用于农田时均需满足《畜禽粪便还田技术规范》(GB/T 25246—2010)的要求。

唐山新好农牧有限公司生产猪粪有机肥前,先将生猪养殖场产生的新鲜粪便集中至粪便处理场的集粪池内，在配料系统内，与秸秆等辅料进行物料调配；调配后在混料系统中采用混合搅拌器将猪粪和作物纤维搅碎切断，再通过自动布料系统进入密闭式筒仓堆肥反应器中进行一次发酵。反应器内部包含曝气搅拌系统，以保证堆肥的好氧环境和物料的均匀混合。在一次发酵出料后，转运至陈化车间，进行二次发酵，以降低物料含水量，提升产品品质。在陈化储存后，使用物料粉碎机对物料进行破碎，并对物料中氮、磷、钾的实际含量进行测定，核算氮、磷、钾各种无机肥料的添加调配数量，均匀地添加至粉碎后的物料中，之后把经发酵与粉碎调配好的物料输送至圆盘造粒机，通过滚筒式筛分机对完成圆盘造粒的物料进行筛分。筛分机先将成品与需返工的物料分离，再对成品进行等级分离，随后使用输送带将筛分的成品物料输送到包膜机，包装后运送至防雨、防潮、通风、避光和便于装卸的仓库储存保管待售。猪粪有机肥生产的具体流程如图 10-2 所示。

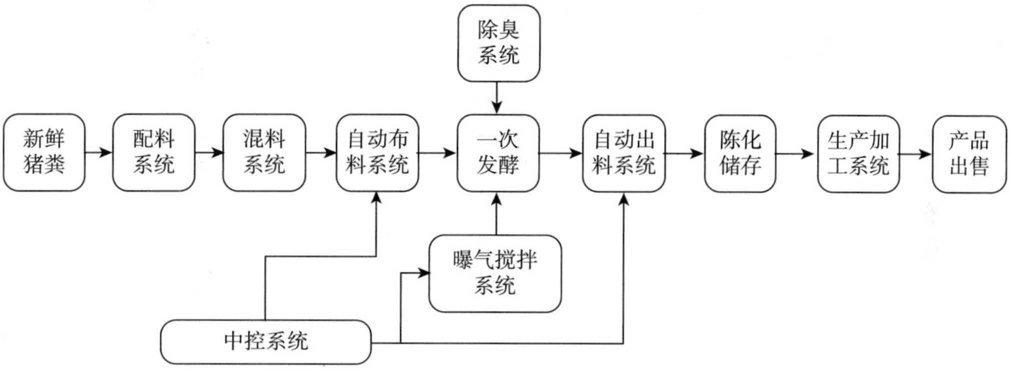

图 10-2　猪粪有机肥生产流程图

（资料来源：根据唐山新好农牧有限公司提供材料改绘）

五、唐山新好农牧如何打造种养结合模式

唐山新好农牧有限公司以 50 头生猪养殖场、流转土地 800 亩和林地 300 亩作为种养结合模式主体。粪肥还田时，按照就地、就近、就简的原则推行种养一体化，进行统一规范化粪污产生、收集、储存。发酵好的粪肥主要用于园区内流转土地种植作物的施肥，同时与邻近的农户、蔬菜大棚种植户或种植基地签订协议。对于养殖废水，按照养殖场的实际情况，其中大部分经过处理后用于流转土地的灌溉。

通过粪肥施用，唐山新好农牧有限公司减少了农药、化肥使用量，改变长期以来过量施用化肥导致农产品质量较低的状况。粪肥施入土壤后，一方面，改善了土壤的物理性质（土壤孔隙度增加、容重降低、持水能力增强等），提高了土壤中有机质的含量，增强了土壤碳的固持能力并且增加了根际微生物群落的多样性；另一方面，粪肥中的有机质、碱解氮、有效磷、速效钾等植物养分以及硼、锌、锰等微量元素，在改善土壤环境的同时，促进了作物的生长和产量的提高，作物品质在一定程度上也得到了提升。

六、唐山新好农牧打造的种养结合模式效益如何

唐山新好农牧以农业废弃物资源化利用典型模式为基础，以畜禽粪便和秸秆高温好氧堆肥技术为支撑，通过自主研发和产学研究合作，为生态农业服务，拉动种植业和养殖业的良性循环，实现经济效益、生态效益、社会效益共赢，为服务农业高质量转型、全方位乡村振兴贡献力量。

在经济效益方面，该模式年生产有机肥 10 153 t，每吨有机肥的生产成本为 283.26 元，同时，本项目的顺利实施可以实现每年 32 850 t 的畜禽粪便处理量。具体运行成本见表 10-1。堆肥产品应用于种植业生产，可以一定程度上降低面源污染，提升土壤质量，提高农作物产量和品质。该模式可有效降低 35%的畜禽疾病发生率，减少畜禽生产投入成本；利用有机肥代替化肥，累计减少化肥用量 1 万 t，从而减少农业种植投入，使每亩增收 120 元。

表 10-1　运行成本

项目	单位	数量	单价/元	小计/万元	备注
堆肥菌剂	t	8.21	30 000	24.64	占物料干重的 1/1 000
电	kW·h	2 950 660	0.78	230.15	8 084(kW·h)/d
水	m^3	216	2.52	0.05	职工，150 L/(d·人)
柴油	L	14 600	6	8.76	铲车用，40 L/d
人工	人/a	4	55 000	22.00	工资＋福利
维修	次	4	5 000	2.00	
合计				287.60	
年处理量	t	32 850			
每吨处理成本	元/t		87.55		
年产肥料	t	10 153			以粉状有机肥计
每吨产品生产成本				283.26	以粉状有机肥计

资料来源：由唐山新好农牧有限公司提供。

在生态效益方面，该模式采用密闭式高温好氧堆肥发酵技术，并将堆肥过程产生的废气经除臭系统处理实现完全无害化，不会产生二次污染。唐山新农牧有限公司创新研发了堆肥污染气体原位减排系列技术，可实现协同减排温室气体和臭气达 50%以上。综合集成技术体系，可减排总温室效益达 70%以上。此外，在畜禽粪污高效资源化利用方面取得了重大创新成果，填补了国内的技术空白，促进了我国有机肥料技术产业发展。该公司产品的总养分含量($N+P_2O_5+K_2O$)大于 4%，种子发芽指数超过 70%，满足《有机肥料》(NY/T 525—2021)对有机肥的要求。并且，通过种养结合，有机肥施用农田可以减少农药、化肥使用量，改变长期以来过量使用化肥导致农产品质量较低的状况，在保证农产品丰收的同时，保障农产品的质量安全。

在社会效益上，通过种养循环模式进一步加强了企业粪污资源化利用技术的培训、学习和实践，提高养殖人员的科学素质；有效探索畜禽粪污资源化利用方式，引导畜牧业由简

单粗放向循环高效转型，使养殖人员懂得农业生产必须从传统农业中走出来，采用先进技术、标准管理、规模经营。同时，大力推行种养结合模式，可打通种养业协调发展关键环节，促进资源循环利用，变废为宝；加大畜禽养殖废弃物处理利用支持力度，支持养殖场改善废弃物处理利用基础设施条件，鼓励养殖密集区域实行粪污集中处理，促进畜牧业与生态建设协调可持续发展。

思考题

1. 结合本案例内容，进一步拓展思考种养结合模式有哪些，如何实现种养结合？
2. 根据案例内容，思考有机肥创制的关键过程是什么。
3. 针对案例内容提供的种养结合模式，思考如何改进畜禽粪污资源化利用模式。

参考文献

李季，彭生平，2011. 堆肥工程实用手册. 2 版. 北京：化学工业出版社.

李文哲，徐名汉，李晶宇，2013. 畜禽养殖废弃物资源化利用技术发展分析. 农业机械学报，44(5)：135-142.

李晓晖，艾仙斌，黄凯，等，2020. 畜禽粪便中有害成分的无害化处理研究进展. 家畜生态学报，41(4)：8-13.

李圆宾，李鹏，王舒华，等，2021. 稻麦轮作体系下有机肥施用对作物产量和土壤性质影响的整合分析. 应用生态学报，32(9)：3231-3239.

刘春，刘晨阳，王济民，等，2021. 我国畜禽粪便资源化利用现状与对策建议. 中国农业资源与区划，42(2)：35-43.

苏佳佳，李凤鸣，李伟，等，2022. 畜禽粪污堆肥技术装备发展现状与趋势. 农业工程，12(4)：12-18.

孙晓曦，黄光群，何雪琴，等，2021. 功能膜法好氧堆肥技术研究进展. 中国乳业(11)：73-82.

夏湘勤，席北斗，黄彩红，等，2019. 畜禽粪便堆肥臭气控制研究进展. 环境工程技术学报，9(6)：649-657.

徐宁，2020. 畜禽粪便堆肥无害化技术要点. 现代畜牧科技，(8)：81-82.

张克强，杜连柱，杜会英，等，2021. 国内外畜禽养殖粪肥还田利用研究进展. 农业环境科学学报，40(11)：2472-2481.

附　录

【材料一】 畜禽粪便资源化处理技术及其特点

附表 10-1　畜禽粪便常用处理技术及其特点

处理技术	适用规模	优点	缺点
饲料化	大、中、小型养殖场	资源化利用，降低饲料成本	可能含有抗生素以及重金属等有害物质
厌氧发酵	中小型畜禽养殖场和散养户，大型畜禽养殖场，区域性专业化集中处理中心	不消耗能源，还能产生清洁沼气燃料，后续产品可用作肥料	工艺运行条件苛刻，技术控制点较多，投资、运行成本较高，需要专人维护
自然堆沤	散养户、小型养殖场	操作简单	发酵时间长，病原菌灭活不完全
好氧堆肥	散养户，大、中、小型养殖场	无害化、资源化、减量化，操作简单，周期短，过程易于控制	产生臭气，占用场地

资料来源：李文哲等(2013)。

【材料二】 畜禽粪便堆肥模式及其优缺点

附图 10-1　关键堆肥模式

［资料来源：根据李季和彭生平(2011)及孙晓曦等(2021)改绘］

附表 10-2　常用堆肥技术的工艺及优缺点

堆肥技术	适用规模	可调控工艺	优点	缺点
静态条垛式堆肥	1～1 000 t	需人工翻堆	成本低、简单	效率低、腐熟慢、占地大
静态隧道堆肥	1～200 t	通风	规模大,相对效率较高	易厌氧产臭气、效率中等
槽式堆肥	1～500 t	机械翻堆	规模大、效率较高	相对耗能、占地大
气流膜堆肥	100 t～100 万 t	通风、覆膜	养分损失小,省力省时,成本低,耗电少	功能膜质量、功能参差不齐
反应器堆肥	0.03～100 t	通风、温度、搅拌、进出料	规模可控,效率高,全工艺可调控,减少占地面积	投资、运行维护成本较高

资料来源:李季和彭生平(2011)及孙晓曦等(2021)。

【材料三】　堆肥施用对土壤的改良作用

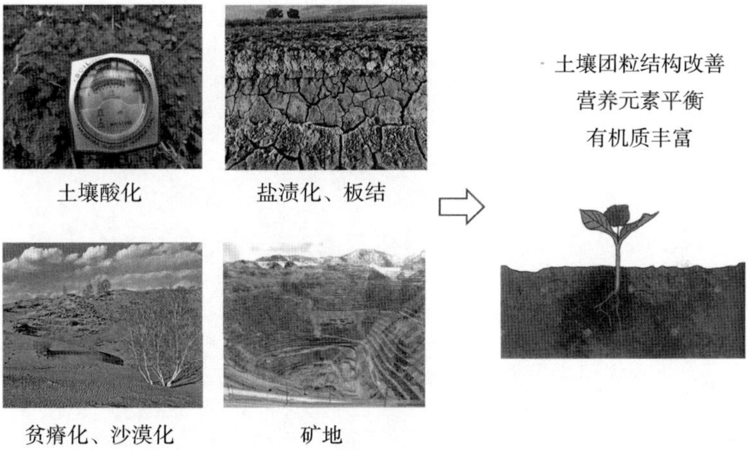

附图 10-2　堆肥施用对土壤的改良作用

[资料来源:根据李圆宾等(2021)改绘]

板块三

绿色生产过程

第十一章

一支玫瑰花的一生——云南切花月季全产业链绿色发展案例

The Life Story of a Cut Rose—A Case Study of Green Development Action of Whole Industry Chain of Cut Rose in Yunnan

摘要:本案例以云南昆明市晋宁区的切花月季全产业链的发展为例,系统介绍了切花月季产业的发展现状,分别从产前(种苗选育扩繁)、产中(设施基质绿色栽培技术)以及产后(采后保鲜技术)等方面,对全产业链的绿色生产要点进行综合分析。通过本案例的教学,学生能够了解全产业链分析与发展规划中各环节的技术要点和难点,并对设施栽培水肥绿色管理技术有所掌握,提升专业认识水平。

Abstract: In this case, the green production technology exploration of the whole industrial chain of cut rose in Jinning District of Kunming City, Yunnan Province was taken as an example to systematically introduce the development status of cut rose industry. The green production technology of the whole industrial chain was comprehensively analyzed from the aspects of pre-production (seedling breeding and propagation), mid-production (green cultivation technology of substrate in greenhouse) and post-production (postharvest preservation technology). Through the teaching of this case, students can understand the technical points and difficulties of each link in the modern facility cultivation system, and the green management technology of water and fertilizer in facility cultivation, and improve the level of professional technology.

关键词:切花月季;全产业链;设施栽培;水肥一体化

Key words: cut rose; whole industry chain; greenhouse cultivation; fertigation

【适用课程】 养分资源综合管理

【教学目的与要求】 了解我国切花月季产业的生产现状与特点;了解全产业链绿色生产技术的要点和难点;掌握全产业链绿色发展设计中的关键点。

【案例知识点】 全产业链的工作模板(以云南晋宁切花月季的全产业链生产为例);基质栽培绿色生产技术。

【撰写时间】 2022 年 6 月 30 日

一、鲜切花卉产业现状

花卉产业被公认为21世纪最有希望、最具活力的农业产业和环境产业，近年来，花卉产业的发展速度惊人，成为名副其实的“朝阳产业”。据联合国贸易组织的统计资料显示，世界花卉市场年销售额以10%～13%的速度递增，鲜切花已占世界花卉市场份额的60%。世界鲜切花贸易以南北流动为主，欧洲和北美是世界上最大的消费市场，而生产鲜切花的国家主要位于赤道附近。在过去的20年里，荷兰、哥伦比亚、肯尼亚、厄瓜多尔和以色列是花卉出口的龙头国家，近年来，埃塞俄比亚的花卉产业也发展迅速。

我国花卉行业蓬勃发展，形成了“西南有鲜切花、东南有苗木和盆花、西北冷凉地区有种球、东北有加工花卉”的区域特色生产布局，其中主要的鲜切花种类有月季、菊花、康乃馨、唐菖蒲、百合等。截至2018年底，我国花卉种植面积约为2 500万亩，产值达2 614.06亿元，进出口贸易总额为5.98亿美元，我国已成为世界上最大的花卉生产基地之一。

云南省凭借优越的自然条件和丰富的物种资源，与非洲（肯尼亚）、南美洲（哥伦比亚和厄瓜多尔）并称世界三大最适宜花卉生产区，可一年四季持续稳定生产鲜切花。据中国花卉协会数据显示，2016—2019年，云南省花卉种植面积呈逐年扩大趋势，增速逐年放缓，占全国比重基本保持在6%～7%。云南已发展成为全球三大新兴花卉产区之一和全球第二大鲜切花交易中心，鲜切花种类及品种结构以康乃馨、月季、百合、洋桔梗、非洲菊等种类为优势品类，鲜切花在国内市场占有率在70%左右。

二、鲜切花产业中的老大——切花月季

切花月季，学名为月季（*Rosa hybrida*），常被人们称作“玫瑰”，这也是本案例题目以玫瑰为开头的原因。因其四季开花，又名“月月红”，被称为花中皇后，为蔷薇科蔷薇属常绿半常绿低矮灌木，被许多国家誉为国花，在我国很多城市被誉为市花。切花月季隶属世界四大鲜切花之列，自然花期为4—9月，生长适温为15～25 ℃，生长介质pH在5.5～6.5为宜，要求疏松肥沃、排水良好的湿润土壤，适宜温暖湿润、光线充足的环境。切花月季花色丰富，一般为红色或粉色，也有白色和黄色，其中红色系切花月季的市场需求量最大，云南昆明市晋宁区主要种植红色品种。切花月季品种多样，且每年世界各地都有新品培出，目前较流行的雪山系列中粉红雪山为晋宁区主栽品种。

（一）切花月季产业现状

世界四大鲜切花为月季、菊花、香石竹、唐菖蒲，其中月季为世界花坛之首，可见其在世界鲜切花产业中占有举足轻重的地位。目前，种植切花月季较多的国家有荷兰、哥伦比亚、以色列、肯尼亚、秘鲁、萨尔瓦多、乌干达和马来西亚等，全球大部分切花月季来源于此。1998—2004年间我国切花月季种植规模直线上涨，2004年达到11.4万亩，较1998年增长了5倍多；2005—2012年间种植面积继续维持增长态势，至2012年达到20.7万亩，产量达到47.1亿枝。我国切花月季分布广泛，在鲜切花种类中，唯有切花月季目前在全国各地均有种植，种植面积约为全国鲜切花的30%。我国的切花月季种植中62.3%分布在云南、广东、湖北、四川、

湖南，部分地区实施工厂化模式经营，但大部分仍是农户种植模式为主。云南的切花产业全国闻名，有调查显示，“全国 10 枝鲜切花 7 枝来自云南”“云南 10 枝鲜切花 7 枝来自晋宁”，云南省的切花月季主要分布在昆明、玉溪、曲靖、红河、文山、丽江等地。2019 年鲜切花产量达到 112.2 亿枝，产值达到 100.6 亿元，占全国鲜切花总产量的 53％，其中单品产量最大的为月季，占全国总产量的 70％。

(二)限制切花月季产业绿色发展的关键问题

云南切花月季产业存在的关键限制因子主要有缺乏自主产权的种苗、盲目施用化肥、土壤盐渍化、生产设施标准化程度低、花卉品质低、采后保鲜技术差、花卉瓶插期短等。

虽然月季原产于我国，但是现代切花月季多为杂交选育品种，目前品种多达 25 000 个以上，而我国具有知识产权的月季品种仅占总量的 5％左右。虽然随着近代新型育种技术的不断提高，新品数量不断增加，但是市场上的主流品种仍然以进口品种为主。按照花色的不同，可将切花月季分为红色系、朱红色系、粉色系、黄色系、白色系等。我国主要栽培的切花品种中红色系品种占 50％，黄色系品种占 20％，粉色系品种占 20％，白色系仅占 10％。其中，红色系品种主要有‘萨曼莎’‘梅郎口红’‘卡拉米亚’‘卡尔红’‘超级明星’‘红成功’等，朱红色系品种主要有‘天使’‘阿托尔’‘香欢喜’‘摩尼卡’等，粉红色系品种主要有‘婚礼粉’‘女主角’‘外交家’‘贝拉米’‘卡琳娜’‘卡列尼拉’‘情人’‘外交家’‘索尼亚’‘雪山系列’等，黄色系品种主要有‘金徽章’‘金卡片’‘黄金时代’‘金奖章’‘香槟’‘阿班斯’等，白色系品种主要有‘坦尼克’‘白成功’‘雅典娜’‘白卡片’‘婚礼白’‘白圣诞’等。其他色系品种包括‘绿云’(浅绿)、‘黑夫人’(浅黑)，以及‘扬基歌’‘和平’‘红双喜’‘摩纳哥公主’等复色系品种。除了外观观赏价值外，对于种植端来说，各品种的产量、品质稳定性、环境适应性、抗病性等同样非常重要，在这方面，国产品种还是有很大的提升空间的。

切花月季是喜肥作物，N、P、K 等营养元素含量及配比对切花月季的产量及品质具有极其重要的作用，而其他元素如 Ca、Mg、Fe、Mn、Cu、Zn、B 等中微量元素的科学施用，是促进植株生长发育、增加切花产量和提高经济效益的重要保证。目前，云南省主要作物平均每季化肥施用量为 345 kg/hm^2，而花卉每季施用量达到 1 155 kg/hm^2，为均值的 3.3 倍。施肥是一项复杂而精细的任务，花农只看到施肥带来的经济效益，却不能按需按期施肥，肥料的过量施用情况普遍存在，既造成过多资金投入与资源浪费问题，还给土壤健康带来巨大风险。调研显示，晋宁区切花月季种植户中 76.5％的人认为土壤盐渍化是生产中存在的主要问题，测定结果表明土壤盐分离子主要以硫酸根、硝酸根和钙离子为主，分别占总盐比例的 36％、29％、15％。土壤盐渍化已成为限制产业进一步发展的重要因素。

生产设施设备落后也是一个制约切花月季产业发展的亟待解决的问题，它不仅造成种植户管理时间花费过多及资金成本过高，而且也在一定程度上导致切花品质不均。生产设备升级必然需要前期大量的资金投入，普通种植户无法负担高额的基建费用而继续采用简单的大棚设施。云南省昆明市晋宁区调查数据显示，土壤栽培的大棚钢架结构相对简单，且可长时间使用，该成本相当于一次性投入，平均在 1 万元/亩；而基质栽培温室要求较高，包括水肥一体化设备、自动开关窗及遮阴保温帘等设施，成本约在 15 万元/亩，远远高于土壤栽培的大棚。我国云南花卉生产设施面积仅占花卉总面积的 27％，较荷兰的 60％、韩国的 57％还有较大差距。此外，我国切花月季主要种植方式仍然以土壤地栽为主(95％以上)，标准化规模化程度较低，导致产量低，A 级花比例低(仅占6%),单位面值产值仅为鲜切花主要产地哥伦比亚的1/4,肯尼亚的1/3。

三、为什么晋宁区最适合发展切花月季产业

昆明市晋宁区北接滇池、东邻抚仙湖,处于云南花卉生产核心区,属于低纬高原亚热带季风气候,冬无严寒,夏无酷暑,干湿季分明,是生产优质花卉的重点地区。晋宁区于20世纪90年代初期开始进行花卉种植,经过多年发展,花卉产业已成为晋宁农业的主导产业,晋宁区于2019年8月被列为云南省首批“一县一业”花卉产业示范县。

目前,晋宁花卉产业已形成以月季为主,康乃馨、满天星、多肉和绣球花为辅的发展格局,种植区形成以昆阳街道、宝峰街道、上蒜镇为集中区,以二街镇、晋城街道、六街镇、双河乡为辐射区的区域布局形势。截至2021年,全区花卉园艺种植面积共计6.1万亩,其中鲜切花种植面积5.55万亩(包括月季4.6万亩、绣球0.25万亩、百合0.15万亩、康乃馨0.2万亩、非洲菊0.1万亩、其他草花0.25万亩),其他盆花盆景0.55万亩;年产切花50亿枝,花卉农业产值32亿元,加工产值55.5亿元;从事花卉产业的农户达2.2万户5万余人。晋宁区花卉种植面积、产量及产值均位于全省第一,已成为全国第一的鲜切花种植大县,产品远销国内外大中城市。全国鲜切花七成产自云南,云南鲜切花七成产自晋宁。

晋宁是云南温带花卉种植核心区,具有适宜的自然条件、优越的交通区位、齐全的花卉品种、畅通的销售渠道、完善的社会服务、雄厚的产业基础和显著的比较优势。晋宁鲜切花种植面积、产量均居全国第一,被云南省评定为“云南省特色农产品优势区”。

1.自然条件优越,生产成本较低

晋宁坐落在滇池西南岸,属低纬度高原北亚热带季风气候区,拥有良好的自然资源,春冬季有时干旱、稍有低温,夏秋季潮湿、无高温酷热现象,土壤肥沃、有机质含量高,光照充足,气候温和,昼夜温差大,是全球温带花卉最佳产地。晋宁区内水利条件良好,境内有多条河流,有3个中型水库,209个小型水库,区内水、电等基础设施完备。虽然花卉生产属于劳动密集型产业,但晋宁大多花农在自己的土地上使用自己的人工开展生产种植,能有效控制生产成本。

2.交通条件便利,物流设施齐全

“云花”有着广泛的国际市场需求,云南未来发展定位为面向东南亚、南亚的辐射中心,在发展国际出口花卉贸易方面具有很大的交通优势。晋宁距省会昆明约50 km(仅30 min车程),距正在建设的中国—东盟商贸港的洛羊镇不到15 km。晋宁东有昆磨高速,西有省道和晋红高速,西南方向3 km已建成货运可达10万t级的火车站,可辐射滇西南各区,区域内交通发达,基础设施完善,货物运输、物资集散便捷;与缅甸、老挝、泰国、越南等国邻近,在发展国际出口花卉贸易方面具有很大的交通优势。

3.销售渠道畅通,地方特色花卉步入产业化发展

昆明已形成稳定的2个大型花卉产地型交易市场(昆明国际花卉拍卖市场和斗南花卉批发市场),为晋宁花卉产品销售提供了有力的支撑,也为推进花卉产业化发展奠定了良好的基础。另外,晋宁根据花卉产业发展实际需要,在主要的花卉种植区周边形成规模大小不等的50余个产地集货市场,通过产地集货市场,实现了拍卖市场、批发市场与花农,销售商与花农的有效联结,确保了销售渠道的便捷和畅通。在产业化方面,目前晋宁的鲜切花和单一品种月季种植面积均居全省第一,山茶、国兰、高山杜鹃等代表区域特色的盆花盆景也逐步走上了产

业化发展的道路,销售比例明显增高。晋宁已成为人们公认的云南鲜切花第一大县,引起了全国花卉业界的高度关注。

4.社会服务完善,科技支撑有力

晋宁花卉种植历史悠久,广大花农在产业发展过程中积累了丰富的经验和技术,花农自发自愿组织的合作社、联合体、农村经纪人队伍不断发展壮大,并能提供良好、完备的社会化服务,实现全产业链的良性发展。晋宁辖区内拥有云南省农业科学院、云南农业大学、昆明市农业科学院等一批高等院校及科研单位建立的研究及试验示范基地,能够为晋宁花卉产业发展提供有力的高科技支撑。历届区委、区政府对人才队伍建设非常重视,区内集聚了一大批高、中级农艺师和农业技术人员,通过开展新型职业农民培训,培育了大量的高素质、高技能职业农民,为产业持续发展储备了大量的科技人才。

5.政策条件扶持,晋宁花卉产业蓬勃发展

云南省委、省政府先后制订和颁布了一系列促进花卉产业发展的政策和法规,扶持云南花卉产业的发展,加大创新力度,建立和完善市场机制,调整和优化产业链结构,为花卉生产创造了优质条件。在《云南省高原特色现代农业"十三五"花卉产业发展规划(2016—2020)》中,晋宁区被列为云南省花卉产业布局重点县;在《云南省花卉产业三年行动计划(2018—2020)》中,晋宁区被列为全省改造提升花卉种植传统区;在《云南省农业厅 云南省发展改革委 云南省林业厅关于认定云南省特色农产品优势区(第一批)的通知》(云农市〔2018〕44 号)中,晋宁区被认定为云南省特色农产品优势区(第一批);在《云南省农业农村厅关于推进"一县一业"试点县建设加快打造世界一流"绿色食品牌"的指导意见》中,晋宁区被列入 2018 年"一县一业"试点县创建名单;在《云南省"十四五"农业农村现代化发展规划》战略布局中,晋宁区被列为先行示范县。作为省级特色农产品(花卉)优势区和"一县一业"花卉产业示范县,晋宁有着深厚的产业基础和优越的发展条件。

四、实现全链条的绿色发展还要做什么

目前,晋宁区在基础条件与政策保证方面已经具备很好的支撑,但是在科技力量支撑方面仍然存在短板,前文提到的品种、土壤改良、肥水管理、栽培技术、采后保鲜、品牌构建等方面并没有具体的规划,需要进一步的研究与推进。综上所述,晋宁区已经具有做大做强切花月季产业的良好基础,但是在全产业链绿色发展的研究中,每个环节都是息息相关、紧紧相扣的,一定要选取具有产前、产中以及产后三方面完整配套的区域进行研究,才能够从全链条的角度实现同步提升改进。

思考题

1. 以晋宁区为例,限制切花月季全产业链绿色发展的主要因素还有哪些?养分管理技术对产业链整体的绿色发展起什么作用?
2. 在以特色产业带动的区域全链条发展中,涉及的关键环节有哪些?
3. 尝试以课题研究对象涉及的产业为例,阐述全产业链绿色发展的要点。

参考文献

程文娟，张乃明，2013. 施氮量对切花玫瑰苗期生长发育特征的影响. 天津农业科学，19(1)：29-31，46.

韩玉环，王祎，高强，等，2022. 喷施 6 种叶面钾肥对烤烟上部叶生长发育及质量的影响. 山东农业科学，52(2)：110-114.

何艳燕，王奕雯，毛纯，等，2022. 月季及其栽培管理技术探究. 现代园艺，45(1)：3.

姬翔生，2017."一带一路"下中国鲜切花产业的定位与格局. 中国花卉园艺，402(18)：30-34.

康红梅，张启翔，潘会堂，2012. 氮素营养对切花月季品质的影响. 河南农业大学学报，46(3)：284-286，297.

刘俊，2016. 月季黑斑病的发生及综合防治. 山西林业科技，45(2)：40-41.

刘其武，2022. 全产业链发展模式思考. 商业文化(15)：40-41.

刘昕，杨明珊，邵青，等，2021. 2020 年云南省花卉产业发展情况分析. 云南农业，393(10)：26-29.

路覃坦，2021. 中国花卉产业发展问题探讨. 现代农业科技(6)：146-148.

吕和君，2018. 云南切花月季产业持续发展新主张. 中国花卉园艺(12)：18-20.

吕娟妃，赵梁军，2002. 切花月季营养特性研究进展. 北方园艺(5)：38-39.

骆书发，2022. 晋宁区花卉产业发展 SWOT 分析. 热带农业科技，45(1)：47-50.

马庆华，贺淑霞，王伟南，等，2021. 磷供应水平对盆花月季'仙境'生长和品质的影响. 北方园艺(11)：69-75.

邱璐，王静，王兴荣，等，2005. 切花玫瑰的栽培技术. 云南农业(5)：2.

史静，程文娟，张乃明，2012. 施肥对切花玫瑰生长及养分吸收特性的影响. 中国土壤与肥料(4)：59-64.

孙曰波，赵兰勇，张玲，2011. 缺磷和缺铁胁迫对玫瑰幼苗根构型的影响. 中国农学通报，27(8)：132-135.

孙哲远，马玲玲，2019. 云南省花卉产业现状问题及振兴路径探讨. 南方农业，13(19)：18-22.

王彩云，2017. 切花月季. 兰州：甘肃科学技术出版社.

魏亚平，马雪范，骞绍娟，等，2015. 根部追肥对月季生长开花的影响试验. 安徽农学通报，21(16)：49-50.

杨明珊，陆继亮，魏国震，等，2020. 云南现代花卉产业的优势和问题. 农业工程技术，40(13)：14-28.

张军云，刘春，王文智，等，2019. 周年生产花枝的切花月季生长规律分析. 南方农业学报，50(8)：1801-1806.

张启翔，康红梅，唐菁，等，2003. 切花月季无土栽培技术的研究. 北京林业大学学报(3)：

22-27.

周洪英，丁贵杰，黄承玲，等，2012.根际施肥对切花月季卡罗拉产量和质量的影响.贵州农业科学，40(2)：98-101.

Bass R，Mflrissen N，Dik A，2003. Cut rose quality as affected by calcium supply and translocation. Acta Horticulturae，518：45-54.

Zhao D，Tang Y，Xia X，et al.，2019. Integration of transcriptome，proteome，and metabolome provides insights into how calcium enhances the mechanical strength of herbaceous peony inflorescence stems. Cells，8(2)：102.

Darras A，2021. Overview of the dynamic role of specialty cut flowers in the international cut flower market. Horticulturae，7(3)：51.

Johnston A E，Poulton P R，Fixen P E，et al.，2014. Phosphorus：Its efficient use in agriculture. Advances in agronomy，123：177-228.

Johnston A E，Poulton P R，Fixen P E，et al.，2014. Phosphorus：Its efficient use in agriculture. Advances in agronomy，123：177-228.

Oosthuyse S A，Berrios M.，2017. Effect of spray and/or soil application of paclobutrazol，and spray application of potassium nitrate during flowering on new shoot growth and cropping of ‘Mendez’ avocado. Acta Horticulturae(1178)：81-84.

Rikken M，2011. The global competitiveness of the Kenyan flower industry//Fifth Video Conference on the Global Competitiveness of the Flower Industry in Eastern Africa.

附　录

【材料一】　我们为什么要做全产业链研究

全产业链到底是什么？全产业链发展模式与传统的“一条龙”模式有很多相似之处，主要是在商业发展期间强调以“研、产、销”一体化观念为主体，依托现代先进科学技术应用，帮助企业对产业链条中上游材料的供应环节、中游加工制造环节以及下游市场营销环节实现全面集成控制。全产业链发展也并不要求企业或者地方政府一定要对各环节都事必躬亲，而是要做到对每个环节的全面掌控。

1.全产业链的意义

首先，随着我国经济发展渐渐趋于平稳，企业一定要以环保性、高质量的产业模式来替代传统以规模生产为主体的发展模式；其次，当今阶段劳动力成本逐渐增高，不再是传统的低廉劳动力成本，成本控制问题逐渐成为影响企业经济效益的根本问题。因此，当前阶段企业转型升级发展难度一定程度增加，压力也随之加大。在这样的市场环境下，亟须利用全产业链模式的创新发展来有效促进企业转型升级与绿色发展。与传统产业模式相比，全产业链模式不仅能够帮助企业有效减少中间交易环节成本支出，还能够根据市场需求调研针对自身产品产量和品质科学、合理地进行调整，为创新和优化自身发展模式的实现提供极大的便利条件。全产业链模式的有效应用有助于小微企业园解决融资难的问题,以全产业链为框架,构架全新金融模式,以全产业链中核心企业为依仗,在全面掌握全产业链不同环节实际情况的基础上加强金融产品的针对性、个性化设计,为全产业链中小微企业的融资发展提供有力保障。在农业发展中,这些小微企业就是一个个农户以及个体的经销商。全产业链金融模式的实际应用,则需要金融机构在保证全产业链物流、信息流、资金流的前提下进行小微企业物流、信息流与自身信息流的有效整合,最后提供具有综合性、整体性的金融服务。

2.全产业链发展模式存在的问题

通过研究各行业全产业链模式实际应用,发现其模式体系流程化、机制化、体系化以及链条化等。虽然各企业在应用全产业链模式之后经济效益有所提高,但存在的问题也是不容小觑的。因为这些问题在一定程度上限制了企业的发展,导致企业的经济效益得不到最大化体现,具体如下:

①相当一部分产业相关要素的有效融合受限严重。②全产业链模式产生的大量资源被闲置,无法进行合理、有效的资源循环利用,导致模式的发展一定程度受到限制。③在企业全面应用全产业链模式时,个别企业或者政府未能融合和链接产业链要素,从而使全产业链模式未能最大化发挥其作用和价值。④由于政府颁布了简政放权政策,有关部门引导和管理市场、企业以及产业的效能渐渐地呈现出下滑趋势。同时政府相关管理部门在实际实施管理工作期间,没能做到对产业、市场发展形式的全面、有效控制,导致政府有关部门对当前阶段市场、产业和企业发展面临的问题束手无策。⑤在全产业链发展环境下,锻造和连通产业链是促进企业发展的绝对重心。不过当前部分企业产业链要素融合方面的问题未能得到足够重视,仍然像传统模式那样,自我、自发地进行随波逐流式的发展,全产业链模式的价值和优势很大程度受限,无法发挥,由此对企业自身未来生存和发展造成一定阻碍,发展空间缩小。

3.全产业链发展模式的创新发展

(1)区域产业服务的提高

为进一步助推创新全产业链发展模式,对区域产业服务业的发展和创新一定要有足够的重视程度。以促进区域发展为目标,以产业为对象的一种服务业态,被称为产业服务业。产业服务业应用广泛,与生产性和生活性服务业相比,它们之间存在非同一般的差距。生产性服务业是以生产为主要对象进行服务,生活性服务业是以生活为主要对象开展相关服务。另外,产业服务业与高技术服务业两者之间一样存在较大差异,高技术服务业主要针对高端技术孵化、转化方面提供服务,产业服务业是以产业全面发展为中心开展服务。纵观现阶段我国全产业链模式的发展,由于对产业服务业的理论研究尚有不足,产业服务业的理论体系不够完善,在实际过程中无法进行实践。因此,在新时期背景下创新全产业链发展,加强产业服务业的理论研究以及相关实践刻不容缓。

(2)区域全产业链的培育

产业服务业作为促进全产业链发展创新的重要组成部分,产业服务业除了要具有信息中介、咨询规划、技术转化等基础功能之外,还要充分对新发展形式、新需求进行创新区分。基于此,可以将产业服务业的业态区分为产业战略咨询业、金融服务业和科技服务业。

①产业战略咨询业。企业为了生存和发展而制订战略性发展方案,战略发展实践已经成为现阶段企业、产业和区域发展的绝对核心。加强产业战略咨询业的发展,能够充分做到对未来市场需求、发展趋势的全面掌握,还能够在此基础上更好地帮助企业优化发展资源布局,进

一步创新，从而促进全产业链模式创新发展。

②金融服务业。加强发展和推动金融服务业可以有效帮助企业解决融资难的问题以及促进产业健康发展。

③科技服务业。科技服务业的发展能够在一定程度上帮助企业进行科技研发、成果运营，从而科学、合理地促进全产业链发展。

(3)区域服务业的提高

为了合理实现对全产业链的创新发展，需要在产业资源有效利用的基础上，提高对产业要素的集约、连接和融合的重视程度，加强区域内新型产业的发展，并促进传统产业向转型升级的方向发展进步，在此前提下构建人力资源协同、科技创新和产业创新的现代化产业体系。另外，为推动全产业链模式发展创新，一定要做到理念、理论和手段创新，并在此基础上采取一定发展措施。具体措施如下：

①加大对产业链的锻造力度，全面融合人才、技术、销售以及供应等主要环节。在确定全产业链服务重点和方向时，需要以优化服务链、创新价值链、围绕产品链、设计创新链等为关键原则。

②深入剖析当前阶段全产业链发展新的问题，整合产业服务链，并在配置产业服务时做到全面考虑全产业链的发展需求。

③根据企业自身实际情况全力引进信息技术手段，在明确发展需求的基础上建立产业服务平台。现阶段是全新的信息科技时代，传统的发展模式已经无法适应当代社会。随着生活水平的提高，人们对产品的功能性、实用性、新颖性、环保性、经济性等要求会越来越高，而全产业链模式可以充分满足当下居民的消费需求。信息技术的应用可以帮助弥补产品在生产制造过程中的问题，将互联网技术和物联网与产业深入融合，将进一步促进全产业链发展模式的创新。

【材料二】 花卉全产业链内容

花卉的全产业链是种植—加工—流通—品牌等关键环节构成的完整链条，其中涉及一二三产业，因此其具有较高的复杂性与特殊性。附图 11-1 为花卉全产业链的简单概况。

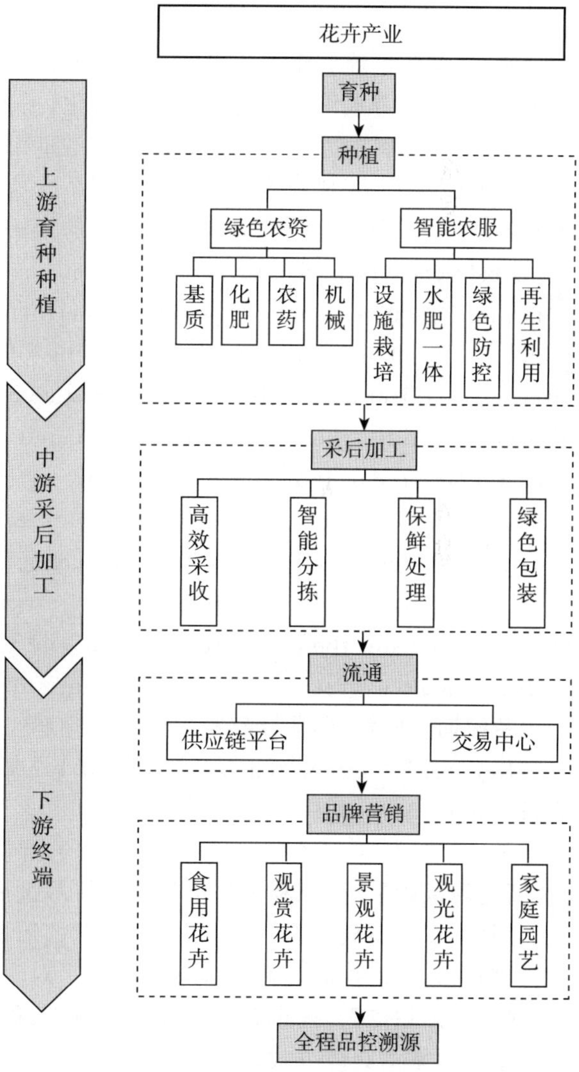

附图 11-1　花卉产业全链条图谱

第十二章

玉米与牛“相恋”（相链）能否推动农牧业绿色发展

Whether optimizing the corn-cattle industry chain can promote the green development of agriculture

摘要:虽然杭锦后旗农业发展具有得天独厚的自然资源优势,但也存在很多农业技术瓶颈问题,如黄河水带水漫灌引发的土壤盐渍化,玉米氮肥投入和除草剂投入过量,青贮玉米蛋白含量低,推荐饲料配方下会加剧青贮玉米不足率等。为推进杭锦后旗农业绿色发展,从种植和养殖两方面着手,实现种养结合。本案例系统梳理了杭锦后旗科技小院在推进种养一体化方面的各项技术,帮助学习者掌握种养结合的做法和理解推动农业绿色发展的意义。

Abstract: The agricultural development of Hangjinhou Banner has the unique advantages of natural resources, but at the same time there are many agricultural technical bottlenecks, such as soil salinization caused by flooding of the Yellow River, excessive input of maize nitrogen fertilizer and herbicides, and low content of silage corn protein. Under recommended feed formula, the shortage rate of silage corn will be aggravated. , etc. In order to promote the green development of agriculture in Hangjinhou Banner, we should start from the two aspects of agriculture and breeding to realize integrated planting and breeding model. This case systematically sorts out the technologies of the Hangjinhou Banner Science and Technology Backyard in promoting the integrated planting and breeding model, helping learners to master the integrated planting and breeding model and understand the significance of promoting the green development of agriculture.

关键词:种养一体化;绿色发展; 科技小院

Key words: integrated planting and breeding model; green development; Science and Technology Backyard

【适用课程】 资源利用与植物保护技术进展

【教学目的与要求】 了解盐碱地土壤的形成原因及改良方法;掌握玉米全生育期高产高效管理技术;理解提高粪污资源化利用水平对农业绿色发展的意义。

【案例知识点】 玉米高产高效管理技术;种养一体化具体措施;科技小院提高技术传播率和技术到位率的具体方式。

【撰写时间】 2022 年 8 月 23 日

一、杭锦后旗概况

1. 地理区位优势明显

杭锦后旗位于内蒙古自治区巴彦淖尔市西部，地处河套平原腹地。北靠阴山与乌拉特后旗毗邻，南临黄河与鄂尔多斯相望，西连乌兰布和沙漠与磴口县接壤，东临临河区，地理区位优势明显。

2. 自然资源条件良好

杭锦后旗具有独特的小气候，地处北纬40°以上，属温带大陆性气候，全年平均气温8.8 ℃，无霜期149 d，年平均降水量138.2 mm，日平均气温≥10 ℃的有效积温3 303 ℃，年日照时数3 207 h，是全国光能资源最丰富的地区之一。杭锦后旗面积180 000 hm^2，其中耕地面积95 000 hm^2，占总土地面积的51.6%；园地2 800 hm^2，林地9 500 hm^2，草地1 600 hm^2。黄河流经杭锦后旗境内，长14 km，过境年流量226亿 m^3，杭锦后旗每年引黄河水量近10亿 m^3，主要用于农业灌溉，配套灌排系统，自流灌溉便利，是全国八大自流灌溉农区之一，渠网密度为0.48 km/km^2，境内湖泊、池塘蓄水量达750万 m^3。2018年全年总用水量10.09亿 m^3，其中生活用水量1 049万 m^3，农业生产用水量99 277万 m^3，生态环境用水量527万 m^3。

3. 农业基础优势明显

杭锦后旗是典型的农牧业大县，农业基础优势明显，20世纪90年代三元五作"吨粮田"生产模式被农业部专家誉为"北纬40°上的奇迹"。全旗盛产小麦、玉米、向日葵、加工型蔬菜、西甜瓜、牛羊乳肉等优质农畜产品，杭锦后旗甜瓜、三道桥西瓜获得国家地理标志认证。富硒小麦、绿色果蔬、牛肉等47个产品获得绿色、有机、地理标志农产品认证。硬质红皮小麦生产的雪花粉享誉全球。杭锦后旗先后获全国粮食生产先进县、国家农产品质量安全县等称号，是内蒙古唯一列入首批国家农业可持续发展试验示范区的旗县。

二、杭锦后旗农业生产现状

1. 农田土壤盐渍化现象严重

整体而言，杭锦后旗有着独特的区位优势、产业优势和先发优势，农业生产能力水平再提升空间大、后劲足。但在优势条件的背后，也存在很多农业技术瓶颈问题，其中黄河水漫灌引发的土壤盐渍化是限制杭锦后旗农业绿色转型的重要因素。土壤盐渍化是土壤中的可溶性盐分在土壤中积聚的过程，导致土壤基本特性恶化、质量下降，耕地资源减少，粮食安全受到威胁等。土壤盐渍化产生的原因可能是土壤大量灌溉、洪水变化和降雨频率增加等，对于河套平原灌区而言，黄河水漫灌加之气候干旱不断蒸发，导致土壤盐分不断向表层积聚。土壤盐渍化后会增加土壤溶液的渗透势，从而影响作物的生长，进而对植物产量产生严重的影响。土壤盐渍化对土壤自身来说，会导致土壤盐离子的毒性积累。土壤盐渍化还会使土壤肥力降低并破坏土壤结构，导致土壤板结和通透性变差。面对土壤盐渍化所带来的问题，现如今改良盐碱地的方法有：膜下滴灌、暗管排水的灌排管理措施，改良种植系统的物理措施，通过种植耐盐植物的生物防治方法，以及通过施用生物质改良材料的化学方法。

2. 种植业问题较多

在杭锦后旗粮食作物生产中，玉米种植举足轻重，年播种面积约 30 000 hm^2，占农田播种面积的 32%，其中籽粒玉米种植面积 24 000 hm^2，青贮玉米种植面积 5 300 hm^2 左右，2020 年玉米总产达到 30.5 万 t。玉米(籽粒或青贮)作为重要的饲料作物，是全旗农牧业绿色可持续发展的重要保障。然而，杭锦后旗玉米可持续生产仍然面临较为突出的技术瓶颈问题。玉米产能提升空间有待进一步挖掘。根据全旗农户调研数据(248 户)，玉米平均产量为 11 250 kg/hm^2，64.9%的产量集中在 10 500～13 500 kg/hm^2，属于中高产水平。最高产量可达 15 630 kg/hm^2，低产(7 500 kg/hm^2)与高产之间仍存在较大的产量差。玉米产量差较大的原因：一是土壤地力不同；二是缺乏高产高效集成技术；三是现有技术到位率低。调研发现杭锦后旗玉米生产存在以下问题。

(1)品种繁多，耐密型新品种应用少，玉米品种标准不一。杭锦后旗农资市场上销售的玉米品种有 80 多个，品种呈现多、乱、杂。根据 110 份调研数据，在 2019 年，大约 53%的农户选择当地西蒙种业生产的西蒙系列品种，还有其他 31 个品种被剩余农户选择。农户在选择品种时，或是选择以往常用的品种，或是根据所在村镇的农资门市、经销商的推荐尝试新的品种。农资门市在推荐新品种时多考虑利润而不考虑是否适合当地种植以及产量水平等因素，导致农民使用不良品种或一些假冒品种。

优良品种与种植密度的有效结合是决定玉米产量的重要因素。平均来看，杭锦后旗农户常用的种植密度为 7.03 万株/hm^2。扩展到西北灌溉区，发现整体推荐的种植密度为 7.74 万株/hm^2，而美国在 2010 年就已经将种植密度调整到 8 万株/hm^2，可见杭锦后旗玉米种植密度属于偏低状态。从农户角度出发，种植密度偏低主要有三个原因：一是农户多年来一直种植稀植大穗型品种，主观认为大穗的增产效应大于小穗；二是落后的种植机械限制了密度的提高。一般农户自家都有机械进行播种，但是株距只能调到 26.6 cm，而目前新型播种机可调整到 16～20 cm；三是品种无法匹配高密种植，农户目前使用的品种大部分属于稀植大穗型，而密植型品种在农资市场上很少有流通。

(2)氮、磷肥投入过量，养分损失大。化肥一直都是农作物增产的重要因素，也是作物生产中投入最大的生产资料。“大水大肥”已成为杭锦后旗农户的常规管理方式，在投入的大量肥料中，氮素由于迁移性强容易随黄河水流失。除此之外，农田土壤中氮素的反硝化损失也是肥料利用率不高的原因。杭锦后旗农户常用的施氮量(皆为纯养分量)在 186.0～491.3 kg/hm^2，平均施氮量为 390.2 kg/hm^2。56.0%的农户的施氮量集中在 300～450 kg/hm^2，但是玉米产量并不随着施氮量的增加而持续增加，当施氮量达到 370.5 kg/hm^2 时，玉米产量最高。随着磷肥投入量提高，玉米产量也同样出现先增加后降低的趋势。农户施磷量范围在 82.9～345.0 kg/hm^2，平均施磷量为 238.9 kg/hm^2，61.9%的农户的施磷量集中在 200～300 kg/hm^2。

调查区域的农户都有追肥习惯，追肥时间一般与灌水时间一致。59.8%的农户追 2 次肥，31.6%的农户追 1 次肥，仅 8.6%的农户会追 3 次及 3 次以上肥。氮肥基施所占比例在 9.6%～100%。利用模型分析发现，氮肥基施比与玉米产量之间存在显著的相关关系，随着氮肥基施比的增加，玉米产量出现先增加后降低的趋势，氮肥基施比在 30.6%时玉米产量达到最高。从施肥管理对玉米产量的贡献率来看，氮肥基施比对产量的贡献率最大(36.6%)，氮肥和磷肥对玉米产量的贡献率分别达到 14.45%和 23.31%，这可能是因为当地大部分农民不注重氮肥的运筹，导致氮肥利用率低，玉米后期氮供应不足。

(3)除草剂投入量大,环境风险大。针对田间调查和农户反映的向日葵苗期药害问题,科技小院师生在杭锦后旗蒙海镇西渠口村开展了向日葵、玉米除草剂使用情况调研。4 个社的调研结果($N=100$)表明,一是向日葵除草剂的平均用量(620 mL/hm^2)显著高于玉米的用量(220 mL/hm^2),其中,2 社和 4 社的向日葵除草剂使用量高于Ⅲ级绿色标准。二是在向日葵和玉米田间管理过程中,大部分农户使用多次除草剂。在玉米上,8%的农户选择人工除草,36%的农户使用一次除草剂,56%的农户选择“封闭+苗后除草”两次除草模式;而在向日葵上,采取人工除草的农户为 1%,喷洒 1、2、3 次除草剂的比例分别为 11%、52%和 37%。其中,58%的农户在向日葵播前随灌水第一次施入除草剂。三是同一村社的除草剂使用习惯基本一致,且受社长影响较大。长期以来,农户的普遍用药习惯是“大雾量”施药方式,农药利用率低,只有 20%~30%,其余 70%~80%沉降到地面和漂移到周围环境中,既浪费了资源还造成了环境污染。

(4)玉米红蜘蛛虫害防治难,农户预防意识淡薄。玉米红蜘蛛是制约玉米产量和品质的突出制约因素,一旦发生,将对玉米造成毁灭性伤害。调研数据统计 2019—2021 三年红蜘蛛出现比例,2019 年玉米红蜘蛛出现概率为 59%,2020 年降低至 32%,2021 年又上升到 50%(附图 12-1a)。统计农户预防红蜘蛛意识占比发现,2020 年农户对红蜘蛛的预防意识占比为 65%(附图 12-1b),2020 年降雨较 2019 年多,这共同导致 2020 年红蜘蛛出现概率大幅度下降。红蜘蛛出现会使叶片中叶绿素受到破坏,叶片呈现灰黄色点或斑块,叶片橘黄、脱落,甚至落光,严重时造成绝产。

3. 养殖业问题同样突出

杭锦后旗作为中国西北地区及农牧交错地带农业集中区,虽然拥有优良的农业生产条件,但是该区域种养业发展不协调的现象明显。近年来,随着杭锦后旗畜禽养殖业的快速发展,产量提高的同时,也产生了很多问题。

(1)种养结构不平衡,“一粮独大”“一羊独大”。杭锦后旗种养结构亟待调优、调顺、调强。比如,全旗种植面积约为 90 000 hm^2,而苜蓿、燕麦等牧草的种植面积仅为 530 hm^2,极度缺乏高质量饲草的种植。整体来看,种植业大于养殖业,种植业资源转化呈剩余,养殖业资源消纳有缺口。

(2)饲草供应不足,种植结构亟待调整。从杭锦后旗饲料供给情况来看,精饲料当地麸皮及玉米籽粒供大于求,但是其他精饲料需要从外地购买;主要生产粗饲料品种为青贮玉米、苜蓿、燕麦草、葵花盘、小麦秸秆、玉米秸秆,其中苜蓿年需求量为 1.48 万 t,而产量只有 0.64 万 t,供需不平衡。粗饲料大体上可以供需平衡,但是因为杭锦后旗的肉牛、肉羊主要是散户养殖,苜蓿、燕麦等高蛋白饲料用量很少,所以如果按标准的动物生长饲料配方计算本地的饲料供需情况,高蛋白饲料远远供应不足。目前,整县域大力发展奶牛养殖业,10 万头奶牛养殖集中区正在建设投产,相对于 2018 年约 3 万头奶牛养殖数量,未来奶牛养殖数量将增加约 400%。对高蛋白饲料需求量大,高蛋白饲料远远供应不足。用“优质牧草+玉米全株青贮+低精料”饲养奶牛,其效益明显高于“秸秆+高精料”或“玉米青贮+高精料”的日粮结构,表现在产奶量、乳质量、繁殖水平、健康状况、使用年限等诸多方面。另外,豆科饲料即蛋白质饲料在杭锦后旗是短缺的,虽有大量的葵粕等蛋白饲料,但其品质远不及豆粕。种植紫花苜蓿和大面积推广专用青贮玉米,是解决草食家畜主要口粮的办法。专用青贮玉米有产量高、生长快、营养价值高等特点。种植青贮玉米省工,储存简单。收储时与农忙季节错开,储备好优质青贮玉米可以供养殖场全年利用，有助于合理安排各项生产活动。

(3)粪肥管理不当，导致种养分离。研究发现，只有5%的农户可以通过饲养牲畜减少化肥的施用，而12%的农户没有因为施用粪肥而减少肥料投入。粪尿中包含大量氮磷资源，适当储存处理后与化肥配合施用到农田，能够减少化肥用量、提高作物产量、改良土壤等。然而，奶牛粪尿在管理过程中损失量大，且有机肥施用费时费工，因此种植户采用较少。全旗畜禽粪肥氮素产生量为4 881 t，农田实际粪肥氮素投入量为2 686 t，粪肥氮素回田率为55%。全旗粪肥氮素未利用量达2 195 t，存在极大的粪肥资源浪费。

(4)畜禽规模化生产与种养结合不配套，污染治理难度大。杭锦后旗年均产生粪污169万t，尿液基本靠蒸发，污水大部分靠自排，粪便未经高温堆沤便直接还田，严重影响了畜牧业绿色发展。当前，种养不对接，畜禽规模化生产，造成了严重的环境污染。目前，少量养殖企业配套农林用地，附带一些种植产业用于消纳畜禽粪污。但多数养殖户在生产前期没有做好种养配套的科学规划，无法完全消纳畜禽粪污，导致种养结合、互利共赢的生态循环模式难以得到推广普及。

(5)青贮和籽粒玉米粗蛋白含量较低，亟须补充高蛋白饲草。玉米粗蛋白含量较低的原因可以归结为两个方面：一是品种本身因素，不同玉米品种的粗蛋白含量有所差异；二是田间管理不当带来的影响，比如玉米红蜘蛛严重爆发时，叶片严重枯黄，籽粒干瘪。目前，青贮玉米所含蛋白质相比饲喂标准低10.6%，无法满足畜禽需求。是否可以通过改良玉米品种，降低高蛋白饲草的投入？

三、典型种养结合案例

1.旭一牧业种养结合产业链案例分析

内蒙古旭一牧业有限公司（简称旭一牧业）是一家以肉牛繁育为主的大型牧业，经过多年的发展，企业成为专业从事牧草种植、种牛繁育、肉牛养殖、屠宰加工、饲料产销于一体的自治区农牧业产业化重点龙头企业。2019年企业存栏量为18 000头牛，其中犊牛3 000头，对青贮饲料的需求量很大。为解决青贮饲料需求，企业流转土地532 hm^2 作为自有农场，其中小麦种植面积133 hm^2、青贮玉米种植面积333 hm^2、高粱种植面积66 hm^2。农场全部采用有机种植，秋收后和春播前每亩地施入5～8 m^3 腐熟发酵牛粪。玉米青贮产量水平为45～54 t/hm^2，无法满足饲喂量，因此旭一牧业与农户签订1 333 hm^2 订单，与三家合作社合作，订单价格为330元/t，重点收购甜菜、苜蓿、玉米等青贮饲料。在种植端，通过高产耐密玉米新品种的应用、高留茬以及虫害和草害的精准管理，实现玉米产量和品质协同提升。在养殖端，通过精准饲料配比的优化、禽畜粪污资源化利用（气流膜堆肥技术、固液分离技术），实现固粪和液粪水肥一体化还田应用。旭一牧业产品有机牛肉销售各大市场，供大众购买消费。

2.蒙海镇红建村种养结合产业链案例分析

蒙海镇红建村玉米产业采用的是小农户连片分散种植模式，2019年全村共种植高标准连片玉米293.6 hm^2，并先行先试玉米青贮206.6 hm^2，籽粒玉米87 hm^2。2019年全村玉米大面积发生红蜘蛛，造成青贮玉米产值较低，平均亩产值仅为1 380元，总计收入427.8万元。调研发现，农户认为决定青贮玉米产量的主要因素有3个，分别是玉米品种、种植密度、玉米红蜘蛛防控。对于肥料用量的认知，农户按照自家施肥经验，以二铵和尿素为主，配施少量复合肥，他们认为少施肥料必然会造成减产。从产量水平来看,2019 年红建村整体青贮玉米平均鲜重为 55.1 t/hm²(图 12-1a),37.2%的农户属于低产水平(33 t/hm² 以下),39.5%的农户属于中产水平(60～63 t/hm²),而仅有 7%的农户产量水平超过 67.5 t/hm²,说明中低产田的农户占据较大比例。品种选择方面,以社为单位从众化购买,更多情况下听从农资店的推荐,并没有科学依据。具体来看,所调研的 43 个农户共计选择 11 个品种(图 12-1b),其中晋农科 1 号、华农 887、金穗 86 占据品种比例的 50%以上,3 个品种的产量水平只达到 52.2 t/hm²。表现高产的品种是推荐的氮高效绿色品种西蒙 6 号,其产量达到 72 t/hm²,充分体现品种选择对产量的影响。

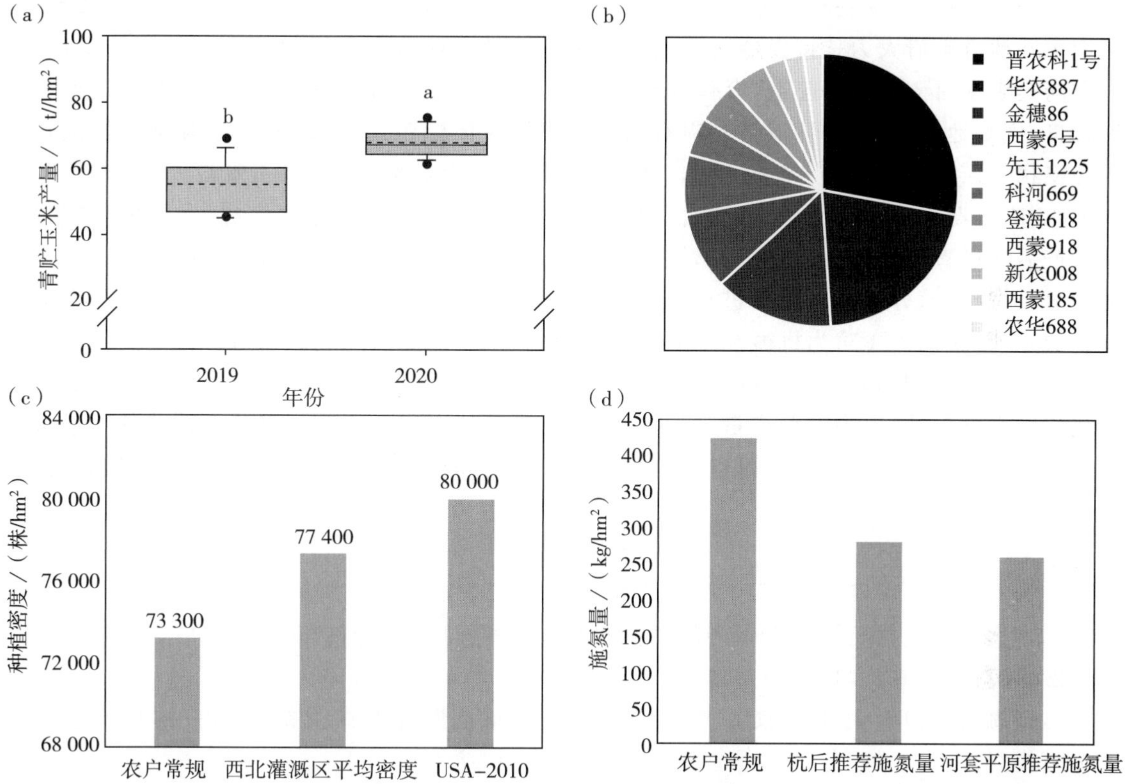

(a)代表 2019 年和 2020 年全村青贮玉米产量对比;(b)代表玉米品种选择种类和比例分布;(c)代表红建村玉米种植密度现状;(d)代表红建村氮肥投入现状

图 12-1 蒙海镇红建村玉米生产管理现状

种植密度是决定青贮玉米生物量的关键因素,红建村整体种植密度是 7.33 万株/hm²,属于农户常规种植密度(图 12-1c),但是相比较西北灌溉区推荐密度(7.74 万株/公顷)仍然偏低。50%以上农户采用的种植密度高于全村平均水平,接近 35%农户采用的种植密度低于平均水平。多数农户会自发缩小平均行距,以加大种植密度。在肥料投入上,以基肥+追肥的传统施肥模式为主,其中底肥选择 40 kg 磷酸二铵配施 10 kg 复合肥,一般追施 1～2 次尿素。经计算,传统施肥模式下纯氮量已经达到 423 kg/hm²(图 12-1d),如何在保证产量稳定的条件下降低肥料也是红建村需要解决的问题之一。

对于红建村为什么种植青贮玉米,而不选择种植籽粒玉米,原因主要在于收益上。调研发现，籽粒玉米的产量水平在前几年只有 10 500～11 250 kg/hm^2，农户的毛收入可达到 18 000 元/hm^2 左右，而青贮玉米每年的毛收入可以达到 21 000～22 500 元/hm^2，有 3 000 元左右的收益差。2019 年红建村 4 000 亩青贮玉米全部由王和养殖专业合作社收购，保底价 4 875 元/hm^2。对王和养殖专业合作社养殖端调研发现，其粪污处理设施不完备，玉米青贮发酵技术有待进一步提高。

3. 以永明村专业合作社为基础的玉米产业链案例分析

永明村猛谷勒好尼种养殖专业合作社以“玉米生产—饲料加工—畜产品生产—畜产品加工—消费者”为产业链开展工作，这一链条主要以玉米及其秸秆为原料，产品为肉、蛋类畜产品及其深加工产品，其发展对保障粮食安全、丰富人民生活、促进区域经济发展都具有现实意义，是国家和地方政府大力扶持发展的产业。永明村玉米产业链产前通过四位一体的技术模式，由政府提供项目支撑机井建造，合作社提供配套农机具，通过“磷石膏＋秸秆＋明沙”进行盐碱地改良，恢复地力；东莞一翔液体肥料有限公司提供液体配肥站，配以科技小院全程提供技术服务支撑。产中在整地环节进行改土治碱，深翻深松，保证播种质量；玉米 3～5 叶期飞防除草、大喇叭口期飞防玉米红蜘蛛，适时进行青贮收获。全程水肥一体化供应，大规模机械化种植。产后通过青贮发酵制成粗饲料，供应给奶牛，形成优质牛奶或肉类等畜产品。通过对产业链的分析发现，部分环节是可以进一步优化的。比如产中可以通过优化水肥一体化配方降低肥料成本，改无人机飞防为机械和扇形喷头结合的方式，提高农药利用率，同时降低农药成本；引入青贮玉米和饲用扁豆混播的技术，提高单位面积青贮产量和饲料蛋白质含量。产后阶段优化青贮发酵条件，提高青贮产量，同时引入粪便堆肥技术来实现农场种养一体化的绿色农业发展模式。通过以上优化技术可以达到降低成本和提高产量、经济效益以及青贮品质的目的。

思考题

1. 本案例中杭锦后旗玉米生产的主要问题有哪些？应该如何针对性解决？
2. 本案例中如何实现种养一体化？
3. 请思考如何针对小型家庭养殖场或大型合作社设计全产业链种养一体化绿色生产模式。

参考文献

陈强，杨劲松，姚荣江，等，2020. 河套平原典型县域耕地土壤养分空间变异特征研究. 中国农学通报，36(10)：102-108.

董鹏波，2021. 内蒙古杭锦后旗农牧系统氮素流动特征及优化途径研究. 北京：中国农业大学.

高英波，张慧，刘开昌，等，2020. 优化氮素与品种匹配可协同提高盐碱地夏玉米产量和氮肥利用率. 中国农业科学，53(21)：4388-4398.

郭文磊，冯莉，崔烨，等，2020. 30%烟嘧磺隆·莠去津·硝磺草酮可分散油悬浮剂对甜玉米田杂草的防效及安全性. 玉米科学，28(4)：6.

李亮科，张卫峰，王雁峰，等，2011. 中国农户复合(混)肥施用效果分析. 植物营养与肥料学报，17(3)：623-629.

佘修华，2019. 30%阿维菌素·螺螨酯悬浮剂对柑橘红蜘蛛的田间防效. 东南园艺，7(5)：4.

徐俊平，2021. 杭锦后旗耐密氮高效玉米品种增产节氮潜力评价与技术集成示范. 北京：中国农业大学.

杨劲松，姚荣江，王相平，等，2021. 中国盐渍土研究：历程、现状与展望. 土壤学报，59(1)：10-27.

张建杰，崔石磊，马林，等，2020. 中国农业绿色发展指标体系的构建与例证. 中国生态农业学报，28(8)：1113-1126.

赵凌，2021. 杭锦后旗区域玉米产量差异与专用肥设计研究. 北京：中国农业大学.

Chen F J, Fang Z G, Gao Q, et al., 2013. Evaluation of the yield and nitrogen use efficiency of the dominant maize hybrids grown in North and Northeast China. Science China Life Sciences, 56(6): 552-560.

Chen F J, Liu J C, Liu Z G, et al., 2021. Breeding for high-yield and nitrogen use efficiency in maize: Lessons from comparison between Chinese and US cultivars. Advances in Agronomy, 166: 251-275.

Zhang X, Davidson E A, Mauzerall D L, et al., 2015. Managing nitrogen for sustainable development. Nature, 528: 51-59.

附　录

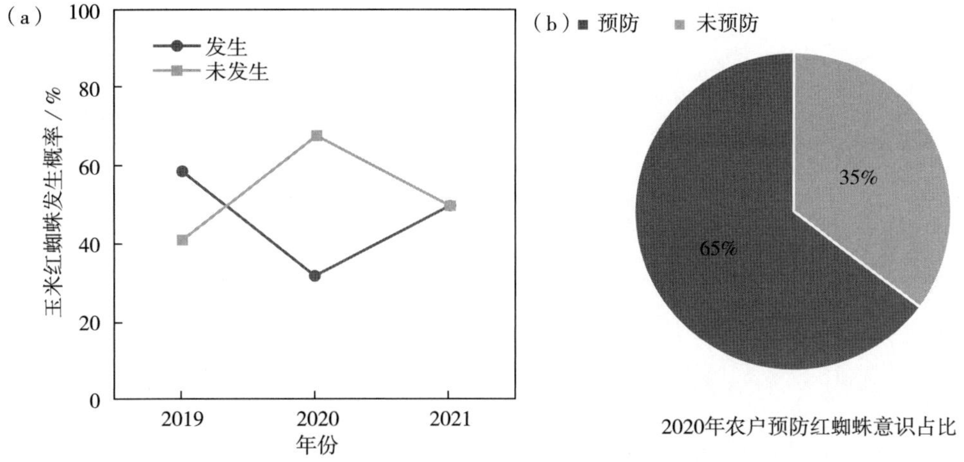

附图 12-1　杭锦后旗玉米红蜘蛛发生概率(a)及农户预防红蜘蛛意识占比(b)

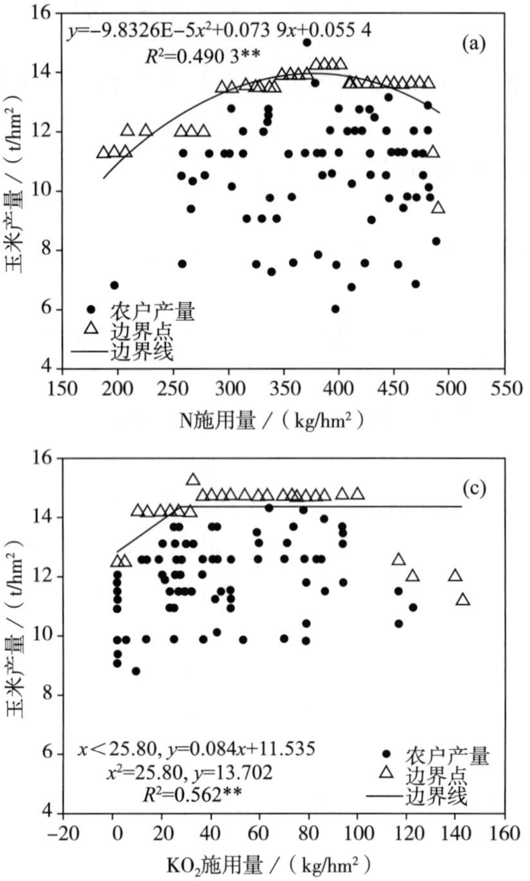

附图 12-2　杭锦后旗施肥管理措施对玉米产量的影响

第十三章 全链条绿色技术应用助力曲周县蛋鸡产业绿色转型

The whole chain green technology application helps layer industry green transformation in Quzhou County

摘要：曲周县是典型的蛋鸡生产大县，“小规模、大群体”是其蛋鸡养殖业的主要特点。小农户生产方式的局限性使得曲周县蛋鸡生产在饲粮种植、饲料营养投入、蛋鸡养殖、粪污处理与应用等环节均存在各种问题，由此导致蛋鸡生产效率低、环境污染重、产品质量差以及品牌力弱等，这已成为制约曲周县蛋鸡产业绿色发展的重要因素。白寨科技小院从饲料种植、饲料调控、圈舍管理和粪污处理等蛋鸡养殖各环节引进绿色生产技术，构建全链条绿色生产技术模式来助力曲周县蛋鸡产业绿色转型。

Abstract: As a typical egg production county, “small size and large group” is the main characteristics of laying hens breeding mode in Quzhou County. Due to the limitations of small farmers production mode, series of problems were found among the feed crop planting, feed nutrient inputs, hens rearing, manure management and application, and thus resulted in low production efficiency, large environmental pollution, poor egg quality and lack of branded eggs in practical. It has become an important hindering factor for green development of egg production in Quzhou County. Baizhai Science and Technology Backyard introduced several green production technologies from all aspects of layer breeding, such as feed crop planting, feed manipulation, housing management and manure treatment, and thus established a whole chain green production mode to contributes to the green transformation of egg industry in Quzhou County.

关键词：蛋鸡；全链条；绿色技术；科技小院

Key words: laying hens; whole chain; green technology; Science and Technology Backyard

【适用课程】 资源利用与植物保护技术进展

【教学目的与要求】 了解国内蛋鸡产业发展模式；了解粪污资源化利用方式；掌握全链条绿色技术在促进蛋鸡产业转型升级中的应用。

【案例知识点】 种养一体化概念；全链条绿色技术；粪尿管理系统；蛋鸡绿色生产模式。

【撰写时间】 2022 年 7 月 18 日

我国是世界上最大的鸡蛋生产国和消费国。我国每年的鸡蛋产量达到 2 500 多万 t，约为美国产量的 4.5 倍，占全世界总产量的 40％左右。蛋鸡产量虽然遥遥领先，但我国蛋鸡养殖主体依然是分散在广大农村地区的中小型养殖场（户），蛋鸡从业者门槛较低，饲养管理水平还有很大的上升空间。

曲周县是典型的养殖大县，养殖类型主要以家禽（蛋鸡）和生猪为主。2020 年全县的蛋鸡存栏量近 1 000 只（羽），年产粪污达 62 万 t。“小规模、大群体”是曲周县蛋鸡养殖的主要特点。“小规模”是指曲周县蛋鸡养殖主体的平均养殖数量在 8 000 只左右，“大群体”是指这些养殖户广泛分布在曲周县各乡村，是农业生产的主要群体。小农户的生产方式也给蛋鸡产业带来了不少的局限性。例如，养殖户在实际生产中面临饲料氮素过量投入、粪污处理不当、还田不合理等问题，由此导致生产效率低、产品质量差和环境污染等问题，这已成为制约曲周县蛋鸡产业绿色发展的重要因素。因此，曲周县蛋鸡产业亟须绿色转型升级。

白寨科技小院从饲料种植、饲料调控、蛋鸡养殖和粪污处理等蛋鸡养殖环节引进绿色生产技术，包括低蛋白日粮技术、圈舍高压微雾菌剂喷淋技术和堆肥发酵减氨技术等，构建全链条绿色生产技术模式来助力曲周县蛋鸡产业绿色转型。

一、饲料：蛋鸡产业发展的关键

我国是饲料资源短缺的国家，蛋白质原料长期依赖进口，这已经成为制约我国畜牧行业可持续发展的关键因素。在畜禽饲料中，蛋白质饲料占配合饲料的 20％～40％，其成本占饲料成本的 40％～50％。长期以来，养殖农户受传统认知的影响，在生产中过量添加蛋白质饲料，不仅增加动物机体的代谢负担，而且增加饲料成本。养殖户不合理的饲料使用习惯，进一步加剧了我国蛋白饲料资源的供应压力。与此同时，过量的蛋白质摄入使得动物氮素利用效率降低，粪尿氮素排泄增加，导致养殖环境恶劣和环境污染问题严重。

曲周县蛋鸡养殖以中小规模为主，蛋鸡养殖户多数采用自配料模式，按照预混料推荐配方比例或者饲料销售人员推荐比例来配制蛋鸡饲料。从调研结果来看，养殖户认为豆粕（主要的蛋白质饲料）投入量比推荐量多一些更能保障蛋鸡的生产效果，因此在实际饲料配制过程中养殖户往往会在推荐比例之外再添加 5％～10％的豆粕。此外，曲周县蛋鸡养殖户大多也是种植户，以自家土地种植的玉米作为蛋鸡饲料（不足部分从周边农户或经销商处购买），同时采购豆粕和麸皮等其他原料来生产饲料。但是蛋鸡养殖场的基础设施相对比较落后，饲料原料储存场所比较简陋，玉米和豆粕等原料发霉变质现象时有发生。

目前，曲周养殖户普遍采用小型粉碎机自行配制饲料，原料配比如表 13-1 所示。由于担心蛋鸡缺乏营养，加上商家不良引导，蛋鸡养殖户普遍认为养分投入越高越好，在实际生产过程中豆粕的比例高达 26％。豆粕投入越多，饲料中的粗蛋白水平越高，超出了蛋鸡生产所需要的适宜比例。通过对曲周县养殖密度较为集中的 4 个乡镇中 97 户蛋鸡养殖场的饲料进行随机抽样调查，结果显示，曲周县蛋鸡在各生产阶段的粗蛋白水平基本处于国家标准《产蛋鸡和肉鸡配合饲料》（GB/T 5916—2020）的上限（表 13-2），这表明曲周县蛋鸡饲料蛋白质投入存在使用不当的问题。

表 13-1　蛋鸡饲料配比

饲料原料	玉米	豆粕	石粉	预混料
配比范围/%	60～65	20～26	7～11	2～5

资料来源：赵志扬(2022)。

表 13-2　曲周县蛋鸡各生理阶段日粮粗蛋白水平

生理阶段	调研农户数量/户	平均粗蛋白水平/%	GB/T 5916—2020 推荐水平/%
育成前期(42～84 d)	2	18.5±0.70	16.0～18.0
育成后期(84～105 d)	1	23.9	14.0～16.0
开产前期(105～126 d)	4	17.1±0.74	15.5～17.5
产蛋高峰期(126～294 d)	20	16.8±0.89	15.5～17.5
产蛋后期(294～560 d)	70	16.5±1.07	14.5～16.5

资料来源：赵志扬(2022)。

二、圈舍：舍内 NH_3 对于蛋鸡生长至关重要

2013 年左右，曲周县蛋鸡产业开始快速增长，但受限于当时的设备和技术，蛋鸡养殖户的鸡舍多为阶梯式鸡笼，地面修建水泥粪坑并采用刮粪板来清理粪便(图 13-1)。鸡舍主要通过风机来实现纵向通风(手动开关)，近几年自动温控风机的应用才逐渐增多。因此，相比自动温控系统和传送带清粪方式的鸡舍，传统模式下鸡舍在温度控制和室内空气质量方面有较大差距。

图 13-1　刮粪板清粪

曲周县配套自动温控系统的蛋鸡养殖户不足 50%，其余均采用普通风机，需要手动控制来实现通风降温。在实际调研过程中，我们发现蛋鸡养殖户往往凭个人经验来控制鸡舍风机的开关。比如，为了节约用电，在春夏季时，养殖户会选择少开或不开风机，导致鸡舍的温度较高，蛋鸡饮水过量，粪污含水量提高，增加了粪污处理的难度；在秋冬季节，养殖户担心蛋鸡受凉感冒，经常选择不开风机或少开风机以保证鸡舍温度，造成鸡舍 NH_3 浓度高，从而影响蛋鸡健康。曲周县蛋鸡养殖户使用刮粪板的比例为 100%(2019 年调研数据)，农户平均清粪频率为 0.8 次/d。蛋鸡饮水一般采用半自动的乳头饮水器。曲周县当地浅井水盐分含量较高，影响蛋鸡肠道健康，导致蛋鸡粪便较稀。粪尿混合物在粪坑堆积发酵，加之清理不及时或不彻底，造成舍内的 NH_3 挥发较高，影响蛋鸡生产性能。

三、粪污处理：蛋鸡粪便处理的困境

经测算，曲周县畜禽养殖密度为 6.6 LU/hm^2，远超全国平均水平。庞大的畜禽养殖量产生巨大的粪污资源，而畜禽粪便处理不当会造成大量的氮素损失，严重污染环境。曲周县典型的小农户生产管理模式导致大量的粪污未得到合理的处理和循环利用。通过对曲周县 10 个乡镇进行实地调研，发现全县共有 39 个粪污处理场。如图 13-2 所示，曲周县畜禽粪污的主要处理方式为晾晒，占比高达 76%，其次是条垛式堆肥和条垛式堆肥＋晾晒处理，占比分别为 13%、8%，其余 3%为无任何处理，仅储存一段时间后还田。在所有调研的粪污处理场中，仅有 3%配备物料混合车间、腐熟车间、包装车间和防雨防渗等（政府项目），其余 97%均为农民自发筹建的简易堆肥场，一般为土质地面、露天处理，此类管理方式粗放，具有较高的环境破坏风险。此外，曲周县粪污处理场具有建厂年限短、场地面积小等特点。其中处理粪污年限在 1～10 年的占比高达 90%，场地面积小于 5 亩的比例为 44%，在 5～20 亩的占比为 46%，20 亩以上场地面积的仅占 10%（图 13-2）。

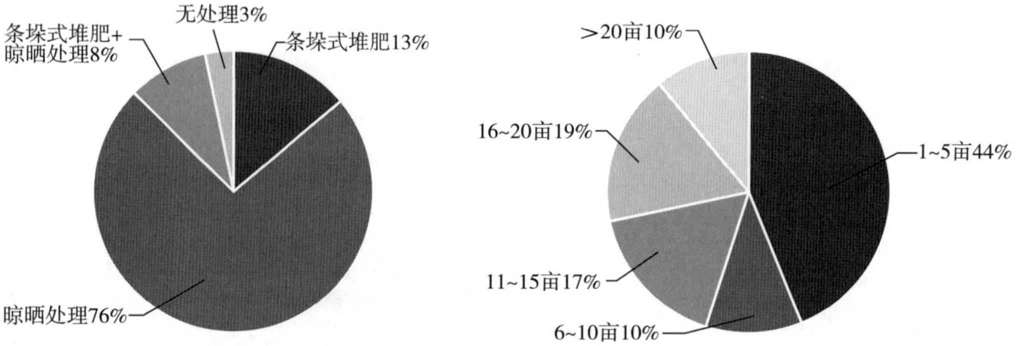

图 13-2　曲周县畜禽粪污处理方式及处理厂占地面积情况

［资料来源：马明芳(2021)］

综上所述，曲周县存在大量的简易粪污处理场，这些处理场缺乏标准化生产技术，生产出来的有机肥品质较差。通过晾晒处理生产的干鸡粪产品，均未完全腐熟。将未经腐熟的畜禽粪污产品施用到土壤中，容易造成烧苗或不同程度地抑制作物生长，因此，亟须改良生产技术以保证畜禽粪污的无害化处理应用。

四、粪污还田：农民眼中的“粪污还田”

据统计，我国每年来自农业的有机物质（粪尿、秸秆、绿肥和饼肥）约为 40 亿 t，能够提供养分 1 亿 t 左右。其中，畜禽粪尿产生量约 38 亿 t，但资源利用效率不足 50%，粪尿养分还田率仅有 30%左右。数据显示，2016 年全国畜禽粪尿氮素还田率为 36%。河北省是养殖大省，然而畜禽粪污氮素还田率低于 30%，低于全国平均水平。

曲周县畜牧业具有养殖密度大、粪污产生量大、粪尿养分含量高等特点。然而，曲周县有机肥使用现状不乐观，种养循环不畅问题突出。整体来看，蔬菜和水果种植户施用有机肥的情况较多，分别高达 95%和 87%，但粮食作物（玉米、小麦）粪肥用户仅占 25%。针对曲周县农户开展粪肥使用经验调研(表 13-3),粮食种植户中有 37.5%的农户对粪肥使用无任何经验,而在蔬菜和水果种植户中分别为 3.8%和 6.2%,说明目前使用有机肥的农户主要为水果和蔬菜等经济作物种植户。

表 13-3　曲周县粪肥使用经验调研　%

项目	粮食种植户(N=72)	蔬菜种植户(N=104)	水果种植户(N=97)
无经验	37.5	3.8	6.2
有很少经验	51.4	36.6	46.4
有丰富经验	11.1	59.6	47.4

资料来源:黄晓芙(2021)。

黄晓芙(2021)对曲周县农民关于粪肥施用的意愿进行了调研,结果显示,农户能够认识到粪肥施用对土壤质量改善、作物产量提高、作物品质改善以及经济收入增加有积极作用,但同时也认为粪肥施用会促进农田杂草生长,增加作物病虫害风险。另外,农户普遍认为粪肥施用的人工成本和粪肥价格均比化肥施用更高,这可能与农村劳动力短缺和从业者年龄偏高有关。调研数据表明,种植各类作物的农户平均年龄在 47～56 岁,施用粪肥带来的劳动力需求和经济成本给这些种植主体带来不小的压力。

五、立足于科技小院的全链条绿色技术引进

(一)低蛋白日粮技术

针对曲周县蛋鸡饲料粗蛋白投入过量等问题,曲周县白寨科技小院联合广东海大集团股份有限公司饲料技术研发团队引进了低蛋白日粮技术,并定制了适宜曲周县蛋鸡养殖的低蛋白饲料专用预混料。一方面,依托科技小院,在白寨镇政府的支持下,组织周边蛋鸡养殖户参加科技小院和企业联合举办的低蛋白日粮技术培训会(图 13-3),充分讲解低蛋白日粮技术原理、优势和注意事项等;另一方面,科技小院师生首先选取了对低蛋白日粮使用意愿较强的农户开展单点技术示范,在获取初步的成效后再以点带面,继续发动一批农户开展全面的示范工作。

图 13-3　低蛋白日粮技术培训会

单点示范工作试验地为曲周县业道蛋鸡养殖场，该养殖场年存栏蛋鸡4万羽，在曲周县处于中等规模。本试验在育雏鸡舍开展，该鸡舍存栏量为17 000羽，养殖品种为海兰灰，育雏周期为60 d。试验将同栋鸡舍的左右鸡笼分别作为试验组和对照组，通过每周测定蛋鸡胫长、体重以及鸡舍内NH_3浓度，探究低蛋白日粮对育雏鸡生产性能和鸡舍NH_3浓度的影响。如图13-4所示，随着试验的进行，圈舍内的平均NH_3浓度逐渐下降且试验组的NH_3浓度明显低于对照组。此外，从蛋鸡胫长发育情况来看，试验组蛋鸡胫长长于对照组，试验结束时试验组蛋鸡胫长较对照组长4 mm。

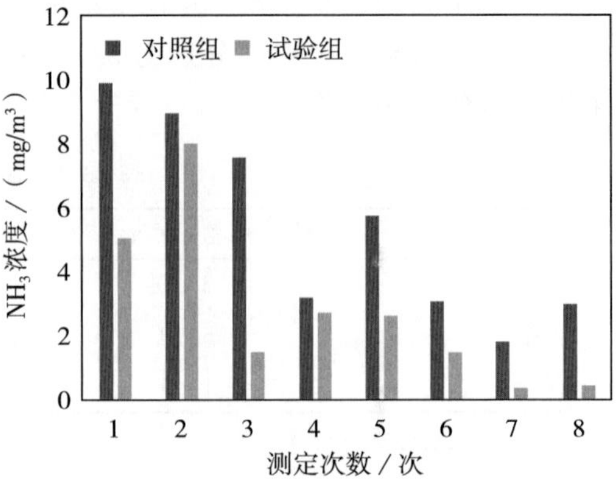

图13-4　蛋鸡圈舍NH_3浓度变化

[资料来源：田芳芳(2021)]

多点示范工作通过5户蛋鸡养殖户开展。试验组采用科技小院定制的低蛋白饲料专用预混料，配制饲料时可降低豆粕用量至10 kg/t，对照组饲料按农户习惯配方来配制。各示范户的蛋鸡养殖情况如表13-4所示。试验周期为20 d，科技小院的研究生每天负责记录示范户各处理的蛋鸡产蛋率、产蛋量等信息，同时监测鸡舍平均NH_3浓度。试验结果显示，低蛋白日粮技术可以在不影响蛋鸡生产性能的前提下不同程度地降低鸡舍的NH_3浓度(表13-5)。

表13-4　各示范户的蛋鸡养殖情况

项目	示范户1	示范户2	示范户3	示范户4	示范户5
存栏量	4 335 vs. 4 295*	3 554 vs. 3 550	3 957 vs. 4 096	4 619 vs. 4 624	2 913 vs. 2 861
品种	京粉6号	京粉6号	京粉6号	海兰灰	京粉6号
日龄	340	334	420	330	280

*.对照组 vs.试验组。

资料来源：赵志扬(2022)。

表13-5　低蛋白日粮技术对蛋鸡生产性能和鸡舍NH_3浓度的影响

项目	试验处理	粗蛋白水平/%	产蛋率/%	产蛋量/(g/d)	NH_3浓度/(mg/m³)
示范户1	对照组	17.49	84.58	49.09	1.37
	试验组	16.75	86.07	50.04	0.86
示范户2	对照组	18.18	81.37	45.77	1.59
	试验组	17.52	86.43	48.32	1.19
示范户3	对照组	17.83	86.62	47.29	1.35
	试验组	17.47	87.13	47.71	1.00
示范户4	对照组	17.31	87.11	53.45	0.90
	试验组	16.52	88.70	54.14	0.75
示范户5	对照组	17.91	85.29	48.83	1.92
	试验组	17.25	87.54	50.47	1.59

续表 13-5

项目	试验处理	粗蛋白水平/%	产蛋率/%	产蛋量/(g/d)	NH_3 浓度/(mg/m^3)
平均差		−0.62 (−3.45%)	2.18 (+2.57%)	1.25 (+2.56%)	−0.35 (−24.46%)

资料来源:赵志扬(2022)。

(二)高压微雾菌剂喷淋技术

白寨科技小院选取蛋鸡示范户,在不破坏圈舍基础设施和保证蛋鸡正常生活的前提下,在圈舍顶部安装一套高压微雾喷淋系统(济南绿如蓝空气净化科技有限公司产品)通过在该设备水箱中加入微生物菌剂,再经高压雾化后喷洒于整个圈舍,可以达到降氨、除臭、除尘等效果(图 13-5)。

图 13-5　高压微雾喷淋系统

本研究采用有机酸复合微生物菌剂,该菌剂由多种益生菌、酶以及有机酸复合而成。试验设置 2 个稀释倍数,分别为推荐稀释倍数(20 倍)和经济性较佳稀释倍数(50 倍)。在鸡舍纵向前、中、后三个部位分别安装 Ogawa 被动采样器,进行 30 d 的圈舍 NH_3 浓度监测。结果表明,菌剂稀释 20 倍的氨减排效果高于稀释 50 倍的(表 13-6),圈舍喷淋技术最高可减少 42.2%的 NH_3 浓度。此外,由于菌剂喷淋改善了鸡舍环境,蛋鸡生产性能有所改善,试验组蛋鸡收益每天增加 12 元(表 13-7)。

表 13-6　高压微雾菌剂喷淋技术氨减排效果

项目	稀释 20 倍	稀释 50 倍
减排效率/%	30.9～42.2	21.9～29.4
减排潜力/(kg NH_3/a)	257.7～351.9	182.6～245.2

资料来源:田芳芳(2021)。

表 13-7　高压微雾菌剂喷淋技术对鸡蛋生产和经济收益的影响

项目	试验组	对照组	差值
产蛋率/%	84.8	84.0	0.8
产蛋数量/枚	6 066	6 008	58
平均蛋重/g	57.2	57.2	0
鸡蛋单价/(元/kg)	3.6	3.6	0
鸡蛋收益/(元/d)	1 248	1 236	12

资料来源:田芳芳(2021)。

(三)小型堆肥厂:酸化技术

堆肥是提高畜禽粪尿资源化利用的有效方式之一,但发酵过程中由于微生物活动促进有机氮矿化,同时伴随着高温、高 pH 等环境因素,大量的氮素以 NH_3 的形式损失。堆肥过程 NH_3 的挥发不仅对环境造成二次污染,而且降低有机肥产品的品质。大量研究表明,酸化是降低堆肥 NH_3 挥发的有效方式,平均可降低约 45%的 NH_3 排放。

曲周县畜禽粪污处理场大多以小规模、粗放式的生产为主。因此,本研究选择安全性较高的乳酸作为酸化剂,采用表面喷酸进行减排示范(图 13-6)。在条垛式堆肥的过程中,将定量的乳酸加入喷雾器,在每次翻抛过程中通过人工喷雾的方式将乳酸均匀地喷施在堆体表面。结果表明,表面喷酸技术可以降低堆肥过程 21.4%的 NH_3 排放,且能提高堆肥产品的种子发芽指数。

图 13-6　堆体表面喷酸

(四)规模化有机肥厂:堆肥技术升级

曲周县中小型的粪污处理企业占绝大多数(占 97%),规模化堆肥企业只占 3%,且其年处理粪污量只占曲周县粪污总量的 11%。本研究依托邯郸市沃启生物科技有限公司派驻科技小院研究生开展有机肥提质增效工作,该公司采用槽式发酵进行鸡粪有机肥生产(图 13-7)。

图 13-7　槽式发酵(左图)和取样过程(右图)

针对公司有机肥生产过程存在辅料缺乏、NH_3 排放量大（气味刺鼻）和腐熟不彻底等问题，科技小院研究生开发当地的农业废弃物（甜叶菊秸秆）作为堆肥辅料，并选择过磷酸钙作为外源添加剂进行堆肥试验。试验结果显示，采用甜叶菊秸秆堆肥后有机肥产品总养分含量提升 30%，有机质含量提升 67%，有机肥品质得到显著提升。此外，在过磷酸钙添加比例为 10%（干基）条件下，可降低发酵过程 59% 的 NH_3 排放和 35% 的全氮损失，同时显著减少有机质的损失。

（五）有机肥替代

针对曲周县粮食作物种植面积广、化肥用量大、有机肥还田率低等问题，白寨科技小院研究生与当地农户合作，开展饲用玉米有机肥替代化肥试验（图 13-8）。本试验选择蛋鸡专用高蛋白胶质玉米品种登海 605 和秋乐 368 两个品种，在等氮条件下设置农户常规施化肥处理、25% 有机肥氮替代处理、100% 有机肥氮处理以及不施氮肥处理，探究不同有机肥替代比例对冬小麦-夏玉米产量、土壤肥力和夏玉米环境排放的影响。研究发现，秋乐 368 相较登海 605 玉米粗蛋白含量有所提升；相较农户常规施化肥，25% 有机肥氮替代处理可在保证冬小麦-夏玉米不减产的前提下，分别增加 7.8% 土壤有机碳和 9.6% 全氮，并减少 39% 夏玉米 N_2O 排放。

图 13-8 饲用玉米有机肥替代化肥试验

思考题

1. 阻碍蛋鸡产业绿色发展的限制性因素有哪些？
2. 哪些技术可以提升蛋鸡产业的种养结合程度？
3. 科技小院如何实现蛋鸡全产业链的绿色转型发展？

参考文献

黄晓芙，2021. 河北省曲周县种植户粪肥施用意愿与优化策略. 北京：中国农业大学.

马明芳，2021. 曲周县畜禽粪便堆肥与氨挥发减排技术研究. 北京：中国农业大学.

田芳芳，2021. 曲周县中小型蛋鸡养殖场舍内粪尿表面酸化. 北京：中国农业大学.

赵志扬，2022. 曲周县蛋鸡低蛋白日粮技术应用障碍解析与示范研究. 北京：中国农业大学.

第十四章

好土育好蕉——广西金穗集团香蕉种植的制胜法宝

Healthy soil cultivates high quality bananas—the winning weapon of Guangxi Jinsui Agriculture Group's bananas growing

摘要:好土才能育好蕉。在过去的25年间,在香蕉种植过程中,广西香蕉代表性龙头企业——金穗集团经历了三个重要的农业发展时期:初期小规模大肥大水的粗放式管理、中期测土配方的精准化管理以及新时期规模化基于健康土壤培育的生态化管理,反映了企业发展过程中对智慧种田的渴求以及龙头企业迈向农业现代化进程中的跨越式飞跃。本案例系统梳理了金穗集团逐步开展香蕉土壤可持续管理的过程,帮助学习者认识香蕉科学种植和健康土壤长效培育对高产、优质和生态的重要性,理解科技创新进步对企业发展和国家粮安的重要支撑作用。

Abstract: Healthy soil can cultivate high quality bananas. In the past 25 years of banana growing, Guangxi Jinsui Group, a representative leading enterprise of banana in Guangxi, has experienced three vital periods in the processes of banana cultivating: the extensive management with overuse of fertilizers and irrigation water on small-scale farmlands in the early term; the precise management with soil testing and formulated fertilization in the middle term; and the modern large-scale ecological management based on healthy soil cultivation in the new era. The development reflects the eager and desire for smart agriculture, and the leap-forward development of the leading enterprise towards agricultural modernization. This case study systematically sorted out the process of Jinsui Group's gradual development of sustainable soil management in banana planting. This will help learners to understand the importance of scientific banana planting and long-term cultivation of healthy soil for high yield, high quality and eco-friendly, and understand the important supporting role of scientific and technological innovation and progress for enterprise development and national food security.

关键词:香蕉;土壤健康;产业发展;科技小院

Key words: banana (*Musa* spp.); soil health; industry development; Science and Technology Backyard

【适用课程】 资源利用与植物保护技术进展、农产品安全生产技术与应用、植物营养诊断

技术

【教学目的与要求】 掌握土壤健康的内涵和诊断方法；了解土壤健康与作物产量和品质的关系，以及作物高产优质绿色种植中土壤可持续管理的重要性。

【案例知识点】 土壤健康的概念；南方酸性土壤障碍消减的原理和技术；香蕉绿色种植中健康土壤培育的机理和途径。

【撰写时间】 2021 年 11 月 1 日

香蕉(*Musa* spp.)是最常见的热带水果之一，在国际水果贸易中占据举足轻重的位置。我国作为世界香蕉重要生产国，2019 年收获面积为 35.9 万 hm^2，总产量为 1 200 万 t，位居世界第二位，仅次于印度。

我国香蕉种植主要分布在海南、广东、广西、云南和福建等省(区)。广西作为我国第二大香蕉生产区，年产量超过 300 万 t。其中，广西南宁市隆安县是重要的香蕉种植县，种植面积占南宁市的 30%，产量为 37 万 t，占南宁香蕉产量的 23%，占广西总产量的 12%，香蕉种植是当地重要的经济来源。广西金穗农业投资集团有限责任公司(简称金穗集团)是隆安县的农业产业化国家重点龙头企业，其香蕉年产值达 4.9 亿元。

在过去 25 年，金穗集团的香蕉种植经历了三个重要的农业发展时期：初期小规模大肥大水的粗放式管理、中期测土配方的精准化管理以及新时期规模化基于健康土壤培育的生态化管理。是什么法宝促使企业不断扩大种植规模，甚至将香蕉种到东南亚的老挝？又是什么要素真正赋能企业香蕉种植的快速转型呢？

一、广西香蕉种植：北海明珠异军突起

香蕉的最适宜生长气候条件为全生育期气温高于 20 ℃，日平均气温在 16～30 ℃，最冷月平均气温高于 12 ℃，>10 ℃的活动积温在 6 000 ℃以上，日均温<8 ℃的连续天数少于 3 d，降水量在 1 500 mm 以上。从自然生态气候考虑，海南和广东是香蕉种植的适宜区域，而广西仅为次适宜区。但 2005—2017 年，海南和广东的香蕉种植面积分别下降了 45%和 16%。与之相反，广西的香蕉种植面积增加了 118%，广西一跃成为我国香蕉产业的“宠儿”。

与海南和广东相比，广西的香蕉种植具有以下优势：①广西遭受自然灾害的频率较低。据统计，1949—2019 年台风登陆广东 194 次(包括二次登陆)、海南 102 次；而登陆广西仅 24 次，且由于广西地理位置特殊，是台风二次登陆的地点，台风的破坏性会下降几倍甚至几十倍。②广西土壤土传病害较少。海南和广东香蕉种植面积的锐减与香蕉枯萎病的迅猛发展密不可分。广西作为香蕉种植的“新大陆”，几乎不受枯萎病菌的影响，保障了香蕉植株健康的成长。③广西香蕉的上市时间与广东和海南“完美错位”。海南香蕉一般在 4—8 月采收，广东香蕉集中在 5—9 月，而广西香蕉采收期集中在 8—12 月。

二、金穗集团：昔日半亩田畦，今日千顷蕉林

金穗集团的前身为金穗农工贸有限公司，成立于 1996 年。公司建成初期的主营作物是甘蔗、木薯等亚热带经济作物，而香蕉种植面积仅为 3.3 hm^2，种植技术与当时的小农经营属同

一水平。到2000年,金穗集团香蕉种植面积由建成初期的3.3 hm^2 增长至33.3 hm^2。与此同时,木薯、甘蔗等作物的经济效益一路下滑,至此金穗农工贸有限公司的种植主体才逐渐过渡到香蕉上,中小型农业种植企业的雏形基本形成。

2000年后,随着国家在农村土地流转政策上的逐渐放开,香蕉种植规模化开始进入快速发展阶段。到2006年,公司香蕉种植面积增长至250多 hm^2。2006年,金穗集团开始向以市场消费需求为导向的精准化种植转变,在品种、机耕方式、种植密度、定植(留芽)时间、栽培技术、护果技术等方面进行了全面升级。在接下来的3年中,香蕉种植面积激增至500 hm^2,大型农业种植企业的管理架构基本成型。

2009年初,金穗集团优化香蕉采收制度,提高了香蕉的采收率和商品整齐度。2009年秋,金穗集团率先从以色列引进国际一流的滴灌施肥设备,滴灌施肥技术的应用将承包户从过去繁重的水肥管理工作中解放出来,投入显著提高香蕉商品性的护果工作中(图14-1),金穗香蕉的品质也由此实现了质的飞跃。截至2011年,金穗集团自营香蕉种植面积已达1 100 hm^2。

图14-1　香蕉种植从大水大肥(左图,来自华南农业大学张承林教授)、喷灌施肥(中图)到水肥一体化(右图)

从2012年开始,金穗集团进入新的发展阶段,通过与中国农业大学、南京农业大学、广西农业科学院等区内外高等院校展开合作,全面应用种苗选育、测土配方施肥、养分综合调控和土壤改良等关键技术。2013年,公司的香蕉种植面积为1 600 hm^2,比2011年增加了45.5%。随着蕉园养分综合管理技术的进一步成熟和国家"一带一路"倡议的积极引导,金穗集团走出国门,于2015年开辟了老挝种植基地。截至2020年,金穗集团的香蕉种植面积达3 000 hm^2,年产值达4.9亿元,香蕉产值占公司总产值的1/3。

三、20多年的不懈探索,绘成了南国风情的蕉林版画

(一)汗滴蕉下土,种香蕉,费多大力气

香蕉是一种多年生大型草本植物,有一代蕉和宿根蕉之分,新种植的香蕉为一代蕉,一代蕉株高2.5～3.2 m;宿根蕉(2代及2代以上)是上一季植株的吸芽生长的香蕉,株高2.8～4.2 m。一株成熟香蕉的鲜重在120～150 kg,一般宿根蕉的生物量和产量高于一代蕉(图14-2)。生产上一般采用无性繁殖的方式进行种苗扩繁,生育周期为10～14个月。

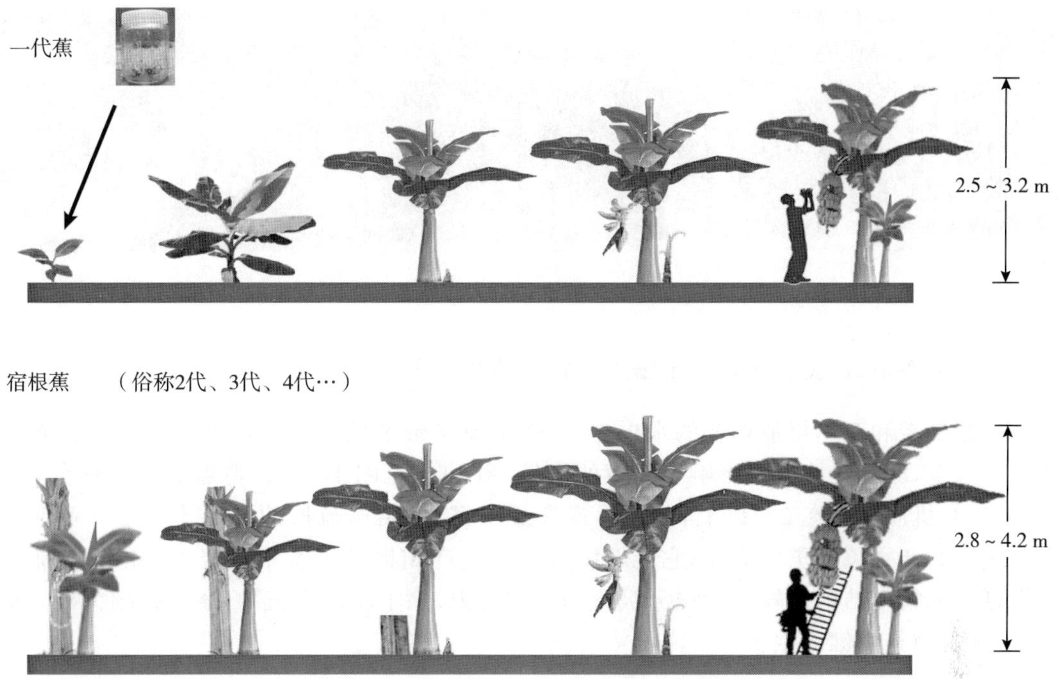

图 14-2　一代蕉和宿根蕉的差异

香蕉种植主要包括整地与起垄、施用底肥、挖定植穴、滴灌施肥、花果期管理和采收 6 个流程。

(1)整地与起垄。广西香蕉种植采用起垄栽培模式,新植蕉园需要进行整地,将下层 40～60 cm 的土壤翻到表层,表层土壤翻到垄上,在垄下土壤种植香蕉。

(2)施用底肥。起垄后,在垄下土壤施用有机肥和化肥,并通过机械将肥料与土壤充分混匀。

(3)挖定植穴。在种植前需要挖定植穴,一般种植密度为 125 株/亩,株距为 2 m,一般采用人工种植。

(4)滴灌施肥。按照香蕉的养分吸收规律进行施肥,如果采用滴灌施肥,整个生育期施肥次数在 50～70 次,病虫害防治在 10～20 次不等。小农户种植一般以撒施为主,整个生育期施用 5～10 次不等。

(5)花果期管理。包括①抹花:当蕉果果梳向上弯曲,蕉花爆开变黑时,应人工将蕉花摘除。②疏果:香蕉抽蕾后,及时疏掉畸形果和小果。③断蕾:香蕉抽蕾后,可根据单株香蕉的生长状况进行断蕾,一般情况下,有效果梳数达 7～9 梳。④套袋:香蕉断蕾后 10～12 d 即可套袋。

(6)采收。断蕾后 70～80 d,即达 65%～70%的饱满度时可以采收。目前,香蕉采收以人工采收为主,一挑香蕉的重量在 60～75 kg。香蕉的重量有时比挑蕉工的体重都重,他们一天要挑上百挑甚至更多。规模化种植的蕉园多采用索道采收,大大降低了劳动力成本(图 14-3)。

图 14-3　香蕉采收(左:砍蕉,中:人工挑蕉;右:索道采收)

(二)先天瘠薄,红黄壤丘陵区土壤上的香蕉能长好吗

香蕉是热带和亚热带最重要的水果之一,热带亚热带区域主要以砖红壤、赤红壤、黄壤等酸性土壤为主,酸性土壤严重影响了香蕉的生长(图 14-4 至图 14-6)。香蕉适宜生长在 pH 为 5.5~6.5,有机质含量在 2%以上,营养元素含量丰富,且结构疏松的健康土壤上。健康土壤是生产优质高产香蕉的重要支撑,它能够维持香蕉生产和提供生态系统服务功能。健康的土壤具有良好的物理结构及较强的水分吸收和渗透能力,除了能固定植物,还能持续为根系提供有效养分,保障作物健康生长。

图 14-4　酸性土壤抑制香蕉生长

图 14-5　酸性土壤香蕉根系

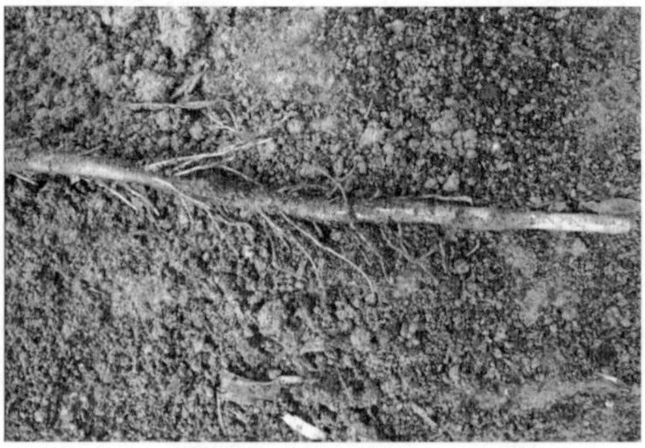

图 14-6　健康香蕉根系

香蕉对营养元素的吸收量较大,香蕉对氮、磷、钾、钙、镁的吸收量分别为 101~303 kg/hm^2、12.6~45.5 kg/hm^2、418~1 002 kg/hm^2、59.6~170 kg/hm^2 和 25.0~132 kg/hm^2。在耕层土壤中,香蕉根系朝水平和垂直方向分布:在水平方向上,80%以上根系分布在 0~20 cm 范围内;在垂直方向上,60%以上根系分布在 0~20 cm 土层中,耕层支撑蕉体的生长。

对广西香蕉主产区调研发现,土壤 pH<5.5 的蕉园占 87%,pH 5.5~6.5 的蕉园仅占

13%。广西香蕉主产区整体有机质含量为2.1%，有机质含量<2%的蕉园占53%，有机质在2%~3%的蕉园占33%。土壤碱解<100 mg/kg的蕉园占67%；53%的蕉园土壤有效磷低于5 mg/kg。土壤交换性钙含量<250 mg/kg的蕉园占25%；27%的蕉园土壤交换性镁含量<25 mg/kg。

（三）香蕉病害知多少

香蕉跟人一样，也会生病。连续多年种植香蕉，加上不合理的管理，就会出现严重的连作障碍问题。其中，香蕉枯萎病是香蕉产业面临的最大的毁灭性土传病害，一旦被枯萎病菌侵染，香蕉将会失去生产价值(图14-7)。限制香蕉产量的另外一个要素是根结线虫。根结线虫侵染香蕉根系，香蕉根结线虫发病率一般为20%~30%，严重的达60%以上。香蕉根系受到根结线虫侵染后，受害根系须根减少，被根结线虫侵染的部位呈黑褐色，容易被土壤细菌、真菌病害侵染，造成二次伤害。当侵染情况严重时，根系表皮发生腐烂，严重影响香蕉根系对矿质元素和水分的吸收，最终导致香蕉产量以及品质的下降。

图14-7　香蕉枯萎病典型症状

（四）避无可避、防不胜防的自然灾害

在香蕉生产中，除枯萎病外，低温和台风是其两大天敌。当温度低于5 ℃香蕉就会出现冷害，叶片就会受到伤害；当温度低于0 ℃，香蕉会出现冻害，若冻害持续时间较长会造成香蕉整株死亡。如2014年1月14日和22日出现的强烈降温，瞬时温度跌破0 ℃，造成香蕉叶片干枯，吸芽受损，甚至出现整株死亡。这次冻害是1999年和2008年以来最严重的一次，给整个香蕉产业带来几十亿元的经济损失。

图14-8　台风导致香蕉倒伏

台风对香蕉的影响也是致命的(图14-8)。如2011年的台风“纳沙”严重影响了香蕉产业。以金穗集团为例，当年的台风导致金穗集团11万余株香蕉发生倒伏，损失惨重。2014年第9号超强台风“威马逊”从海南文昌市翁田镇沿海登陆，之后分别在广东湛江市徐闻县和广西防城港市港口区再次登陆，给整个香蕉主产区带来

毁灭性的打击。香蕉主产区30%以上的蕉园发生倒伏，甚至绝收，直接经济损失达上百亿元。

(五)采收后的香蕉还“咧嘴”，那可不是开心事

经历10～12个月的种植，蕉农终于采收香蕉，然而丰收的喜悦还未持续多久，就发现一些香蕉有时候也会出现“咧嘴”(图14-9)，香蕉裂果很快就冲淡了果农丰收的喜悦。香蕉裂果现象在香蕉采收前一般很少出现，裂果一般会出现在香蕉催熟的过程中。裂果主要表现为香蕉果皮开裂，漏出果肉，更容易感染病菌，香蕉催熟后一旦裂果就失去商品性，直接影响产品的价格。

图14-9 香蕉裂果

四、科技赋能，远方来的“和尚”能念好经吗

2012年中国农业大学与金穗集团合作建立全国第一家依托种植企业的科技小院。面对眼前的万亩蕉林，一群来自北方的“香蕉小白”束手无策，这些远方的“和尚”能念好香蕉经吗？集团有疑问，师生们也是心里打鼓，如何开展工作，把工作做好，为企业助力，成为摆在师生面前亟待解决的问题。

(一)“小白”学种蕉

香蕉“小白”要种蕉，最简单的学习办法就是跟着公司技术人员深入生产一线，到生产中学习香蕉各方面的管理知识。与此同时，从网上购买所有香蕉栽培管理方面的书籍，把所有香蕉相关的文献下载下来，按照研究主题分门别类。白天他们跟着技术人员下地，晚上拼命地看书，为的是早日学习好香蕉种植技术。此时，学生们像刚种下的香蕉苗一样如饥似渴地汲取营养。在学习理论和生产知识的同时，金穗集团新开发的2 000多亩蕉园成为学生们的第一个主攻方向。种地先看土，土壤是否适宜，如何调整？学生们充分发挥植物营养学专业的优势，取土诊断。广西炎热的天气并未吓退学生挖土的热情，挖坑看剖面，取土进行检测，在规定时间内保质保量地完成任务。

(二)忍痛“砍蕉”为“懂蕉”

要想更好地指导香蕉种植，要做的第一件事就是了解香蕉生长发育特性和养分吸收特性。在制订了严格的香蕉生长跟踪方案后，需要在香蕉生长关键时间点进行样品采集。试验需要挖走84株香蕉，直接带来的损失近万元，公司领导很支持这项工作，果断答应。香蕉生长速度极快，3个月的时间香蕉可以长到几十斤。前期的观测和采样工作并没有造成太大的困难，到香蕉营养生长后期，每株香蕉重量接近100 kg。这给采样工作带来极大的不便，有时候需要请几个工人帮忙，一天下来只能挖5棵左右，一轮的采样工作就需要3～4 d。经过几个月的跟踪，学生们收集到香蕉生长的第一手资料，摸清了香蕉的生长和养分吸收规律，意味着听懂了“蕉语”，为接下来工作的开展奠定坚实的基础。

(三)"会"种蕉到"慧"种蕉

香蕉种植需要综合的技术,需要养分管理、土壤调控等全程栽培技术。香蕉生长跟踪方案不但要关注一代蕉,也要关注宿根蕉生长与养分吸收,以及香蕉花果期、采收等绿色优质生产技术体系。采用这套绿色生产技术体系使金穗集团香蕉产量平均提升15%,2016年化肥用量比2012年降低40%以上,农药用量节省30%以上,累积节约投入成本近2 000万元。

(四)"小老师"让技术落地有声

金穗集团香蕉管理采用的是"基地+场长+管理员(水肥药专员)+承包户+临时工"的种植管理模式,具体生产管理模式见图14-10。金穗集团的一线管理人员大部分为年龄偏大、知识水平偏低、经验主导的传统农民。由于知识老化和惯性思维,信息传递过程可能受阻,他们对新技术的接受能力有限。各种技术从场长传到管理员、承包户和临时工后,经过各层级传递,技术到位率衰变了近50%。新技术如何能传递到一线农民手上?学生们当起了"小老师",而当普通话遇到桂语,如何通畅沟通,打通"最后一公里"?在这种情况下,学生们与当地技术人员和公司管理人员结成对子,先对管理人员进行培训,再让管理人员把技术传播给农民,或者通过制作培训视频、展板等形式零距离传播种植新技术。最终,经过一段时间的摸索,科技小院的师生们建立"场长+管理员(水肥药专员)+承包户+临时工"的多级培训模式,有效地提高了技术到位率。

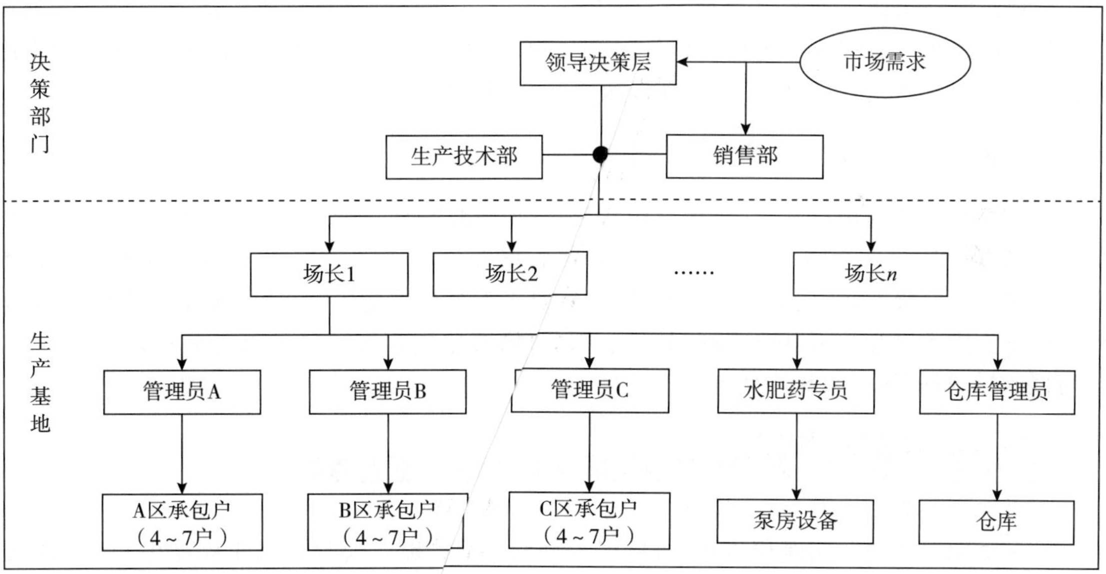

图14-10　金穗集团生产组织形式图(张江周等,2021)

五、跨国种植,广西经验能否在老挝成功复制

2014年金穗集团积极响应国家号召,在"一带一路"倡议下,金穗集团与老挝政府展开深入合作,进一步加大了境外投资力度,在老挝琅勃拉邦省建立了公司的第一个千亩基地。能不

能把国内积攒的近 20 年丰富的种植经验在异国他乡成功复制？尽管前期考察做了充足的工作，没有想到的事情还是发生了。第一，老挝的自然条件和土壤条件比较适合香蕉生产，但有鲜明的旱季和雨季之分，国内种植技术需要进行调整优化才能应用到老挝香蕉种植。第二，香蕉产业作为老挝国际合作中的新兴行业，种植技术的传播必须通过“技术员＋翻译”共同完成。然而，在缺乏有效的技术传播途径的情况下，传统人文习俗和文化素养差异进一步扩大了技术传播过程中的衰变效果。第三，老挝当地基础设施建设相对落后，有效的销售途径不完善，在香蕉采收季节出现严重的积压现象，且边境贸易环境不稳定，影响正常出关。经过 7 年的发展，老挝的香蕉种植克服了重重困难，基地实现了精准化管理，可以保障全年香蕉的供应。现在金穗集团香蕉产业板块 85％的产值主要来自老挝基地。

六、金穗香蕉现代化管理：收益高吗

（一）效益与品牌建设

先进的种植技术和管理模式为香蕉种植插上了腾飞的翅膀。金穗集团的香蕉比整个广西的香蕉提前上市 10～15 d，有利于提早占领香蕉市场。同时，香蕉的产量和商品果率也提高了，从 2013 年之后香蕉的产量维持在 50 t/hm^2，商品果率维持在 95％以上，有效地提升了香蕉的产值，每公顷香蕉产值在 15 万元左右。

金穗集团在快速发展香蕉产业的同时十分重视品牌建设，金穗集团打造的“绿水江”牌和“金纳纳”牌香蕉先后荣获中国百强果业品牌、广西名优产品等荣誉称号。同时，金穗集团生产的香蕉符合国家绿色食品标准，使其在广西乃至全国都享有盛誉。

（二）企业自造血，产品和产业同步升级

依托香蕉产业的快速发展，金穗集团实现了产品和产业同步升级。在产品上，不但重视香蕉的种植，拓宽了香蕉的生产链，建立了我国第一家香蕉深加工企业，生产香蕉浆和香蕉粉等产品。在产业升级上，拓展了香蕉的种植前端，建立香蕉组培苗厂，生产健康无毒的种苗，不但满足自己的需求，同时也外销到其他省份。与此同时，建立有机肥厂和滴灌公司，拓展了业务范围，更好地服务香蕉和其他种植业的发展。

七、从量变到质变，绿色转型中蕉园可持续管理任重道远

金穗集团的发展紧跟时代脚步，铸就了一个又一个辉煌。从昔日的小作坊家庭式的规模到今日的万亩蕉林、跨国种植，金穗集团香蕉产业的发展无疑见证了我国改革开放 40 年的巨大成就。在“十四五”农业绿色发展的新时期，国家更加重视高质量农业发展和优质健康农产品的生产。2021 年的中央一号文件明确指出，发展绿色农产品、有机农产品和地理标志农产品。农业农村部办公厅印发的《农业生产“三品一标”提升行动实施方案》的通知中指出，要加快推进品种培优、品质提升、标准化生产、农业品牌建设，持续强化农产品质量监管，深入推进安全绿色优质农产品发展。而优质农产品的生产，不仅仅要靠绿色生产技术和标准化技术规程，更重要的是要依靠脚下的土地。

现阶段香蕉种植业面临着更大的挑战，如何在防控好香蕉枯萎病的同时提高香蕉的商品率，培育健康土壤，保障粮食安全和食品安全，是国际上亟待解决的问题。尤其当前全球气候变暖正急剧加速，如何提质增效、生态种植，实现人和自然和谐，保障土壤的永续利用，成为香蕉产业发展面临的新挑战。

思考题

1. 金穗集团采取什么措施消除酸性土壤上香蕉种植的障碍因子？
2. 哪些技术和途径提升了香蕉的产量和品质？
3. 跨国种植香蕉的问题是什么？
4. 种植企业发展中如何实现产品、品质与环境效应的协同，保持品牌的优势？
5. 现代企业管理中如何提高技术到位率？
6. 在新时期科技小院如何为企业发展赋能？

参考文献

邓兰生，张承林，2014. 香蕉水肥一体化技术图解. 北京：中国农业出版社.

广西金穗农业投资集团有限责任公司，2014. 广西香蕉高产高效栽培技术. 北京：中国农业出版社.

金志强，2006. 香蕉果实生长发育的生理学与分子生物学. 北京：中国农业大学出版社.

李宝深，2015. 滴灌蕉园养分综合管理技术研究与应用：以广西金穗为例. 北京：中国农业大学.

魏守兴，谢子四，李志阳，等，2012. 广西主要蕉园土壤肥力调查及评价. 热带作物学报，33(8)：1371-1377.

余赟，2015. 金穗蕉园土壤肥力特性及评价. 北京：中国农业大学.

张江周，李宝深，迟志广，2021. 科技小院助力种植企业发展. 北京：化学工业出版社.

张江周，李宝深，2021. 提升集约化香蕉园土壤健康水平的根层调控策略与途径. 土壤通报，52(2)：398-407.

张俊伶，张江周，申建波，等，2020. 土壤健康与农业绿色发展：机遇与对策. 土壤学报，57(4)：783-796.

Brady N C, Weil R R, 2019. 土壤学与生活. 十四版. 李保国，徐建明，等译. 北京：科学出版社.

Magdoff F. van Es H, 2021. Building soils for better crops (4th edition). Sustainable Agriculture Research and Education (SARE).

Robinson J C, Galán Saúco V, 2010. Bananas and plantains (2nd edition) In: Crop production science in horticulture. 19 UK, CABI Publishing.